古埃及神圖塔羅牌
THE SENET TAROT OF ANCIENT EGYPT

白中道
Douglass A. White

許秋惠

目錄

4-1主牌説明與解讀圖像目錄

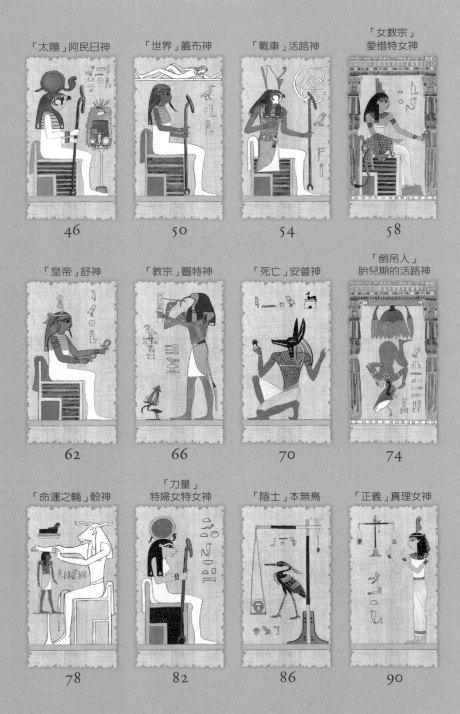

「太陽」阿民日神

46

「世界」蓋布神

50

「戰車」活路神

54

「女教宗」
愛惜特女神

58

「皇帝」舒神

62

「教宗」圖特神

66

「死亡」安普神

70

「倒吊人」
胎兒期的活路神

74

「命運之輪」骰神

78

「力量」
特婦女特女神

82

「隱士」本無鳥

86

「正義」真理女神

90

「月亮」保母女神
94

「星星」星空女神
98

「皇后」母特女神
102

「魔術師」巫師神
106

「節制」
尼伯西特女神
110

「高塔」特牡神
114

「愚人」誇猴天開
118

「審判」產婆女神
122

「魔鬼」阿迷特
126

「戀人」兔兔
130

4-2宮廷牌説明與解讀圖像目錄

水王北方神
（聖杯國王）

136

土王東方神
（錢幣國王）

138

火王南方神
（權杖國王）

140

風王西方神
（寶劍國王）

142

味覺亞神
（聖杯修行者）

144

觸覺薩神
（錢幣修行者）

146

視覺瑪阿神
（權杖修行者）

148

聽覺斯哲牡神
（寶劍修行者）

150

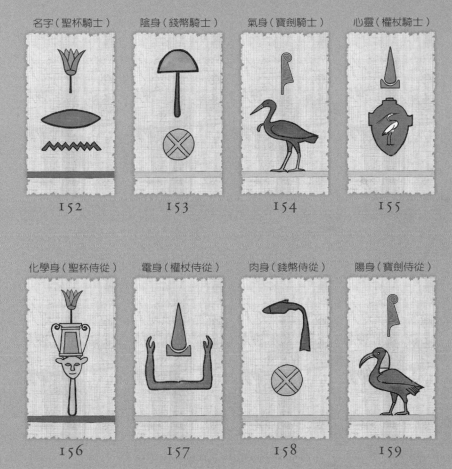

名字（聖杯騎士）　　陰身（錢幣騎士）　　氣身（寶劍騎士）　　心靈（權杖騎士）

152　　　　　　　153　　　　　　　154　　　　　　　155

化學身（聖杯侍從）　電身（權杖侍從）　　肉身（錢幣侍從）　　陽身（寶劍侍從）

156　　　　　　　157　　　　　　　158　　　　　　　159

4-2小牌説明與解讀圖像目錄

蓮花一〜十

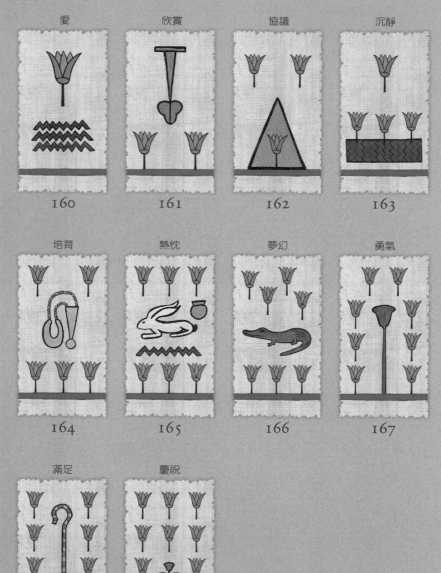

愛　160

欣賞　161

協議　162

沉靜　163

培育　164

熱忱　165

夢幻　166

勇氣　167

滿足　168

慶祝　169

城市一～十

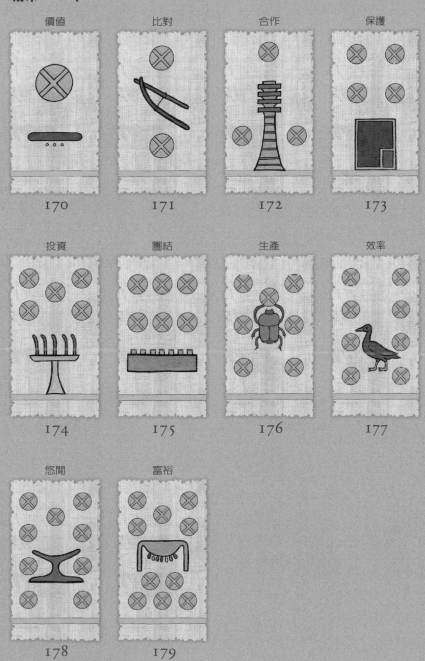

價值
170

比對
171

合作
172

保護
173

投資
174

團結
175

生產
176

效率
177

悠閒
178

富裕
179

火鑽一～十

專注	知見	企劃	建構
		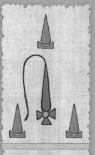	
180	181	182	183

鍛鍊	領袖	挑戰	一致

184	185	186	187

獨立	多元

188	189

羽毛一～十

意志	決心	整合	定義
190	191	192	193

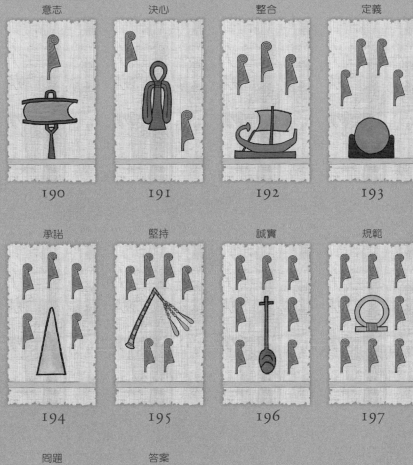

承諾	堅持	誠實	規範
194	195	196	197

問題	答案
198	199

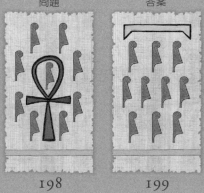

透過占卜遊戲，開啟自身智慧，
顯化生命的可能性

　　當我聽到新星球出版總編輯說，曾一度絕版的《古埃及神圖塔羅牌》終於要重新出版了！邀請我寫推薦序時，我不僅僅深感萬分榮幸，更因為自己從一九九五年開始接觸塔羅牌，與神祕學的連結甚深，因而非常清楚的知道，要能在中文世界的出版領域，創作一副古埃及的塔羅牌是多麼艱難的一件事啊！其中，作者自身所要蘊含的學識領域，涉獵了古埃及的歷史、神學、文學、星象學、象形文字、希伯來文、塔羅象徵學等等。我著實對作者深感欽佩，亦不得不對願意出版這副塔羅牌的出版社說：真是獨具慧眼啊！而且，有深度，也一定有市場。

　　猶然記得，當我在二〇〇六年，第一次從白中道老師手中，拿到他設計的這副牌卡時，對那深具古埃及神祕象徵的每一張圖卡，愛不釋手，反覆在手中把玩，那深刻的吸引，至今，未曾退卻，反而愈增。

　　世界上有很多古老智慧的實踐與傳承，是透過遊戲的儀式來進行的，甚至說，遊戲是儀式中最重要的一個環節。《古埃及神圖塔羅牌》就是以遊戲的方式來保存智慧，且同時讓每個人透過這套遊戲開啟自身的智慧。

　　甚至，我們僅僅透過「直覺的視角」去「觀」牌卡裡金字塔石碑上的象形文字及圖案，正封存著關於我們命運中那未知領域的奧義，等著我們揭開。就如同我的神祕學老師曾經說過：塔羅牌中的任何「一張圖，蘊含著一萬字的價值」。確實，當我在進

行「觀牌」的靜心時，圖案可以直接打開內在視覺感官的靈魂之眼，我的意識完全可以被圖案的線條、顏色、文字的整體引力收攝住，在某個不經意的片刻，可以覺察到腦波轉換的同時，意識也切換了異次元的頻道，圖案竟然活了起來，它以放射性的多維通道，利用感官的覺受力，我的神聖原型，開始無聲的對我訴說生命的奧義。

　　而塔羅牌究竟是什麼？眾說紛紜。然而，塔羅牌毋庸置疑的被作為意識進化發展的工具，進而改變心理的內在以及物質的外在；換句話說，透過塔羅牌中的圖像所描繪出來那清晰的宇宙意識投影在人類的心智影像，因而我們共同建立了我們的實相世界。同時，就個人而言，我們的共同意識也允諾彼此，讓每一個使用塔羅牌的人，都能夠透過意識發展的練習，來了解生命中全部的潛能，並且顯化生命全部的可能性。

　　尤其，《古埃及神圖塔羅牌》以古埃及神祇中宇宙本質的元素，作為設計的素材，我相信在更接近「本源」的引力影響下，每一個用這套牌卡和占卜棋盤遊戲的人，必能在身心內外，滿載而歸。

朱衍舞（Rafeeka）

3128玩美生活部落創辦人

培養共感力與直覺力的靈性煉金術

　　塔羅是原型心智（archetypical mind）的意象符號（圖騰），是以創造宇宙萬物的藍圖來貫穿整個意識結構，也是描述「人」（心身靈複合體）從物質到高密度意識的進化程式基礎模型。七十八張圖卡是一種「選擇」，一個自由意志的存在，協助尋道者（seeker）與行家（adept）如何掌握第三密度的遊戲理則的經驗。同時，還能一致性的服務自己和他人的煉金術。

　　通常我們覺知到的感受，都屬於心智頻率的範圍，包括感官、情緒、回憶、情境、分析、歸納、推論，這所有通稱的感覺與想法。我們很容易被心智上「反射」的重複感受，掩蓋了其他頻率的感受。單一的心智感受使得頻率結構匱乏，以實際的感受來說，這就是「空虛」的來源，感受不到心智頻率之外的感受。這些感受是殘缺與單調的。我們所有出自於心智上的希冀與貪求，皆來自於空虛，這是我們過度偏好某些特定的心智頻率感受，所產生的心智頻率結構失衡的結果。真正的感受不是改變意識狀態，而是改變意識的內在頻率結構。

　　我們人生的目的是讓我們碎片化的心靈，再度成為整體。塔羅牌的閱讀，是非常令人振奮和美妙的體驗。

白中道博士將古埃及心身靈複合體煉金術之密契儀式，帶入新時代意識結構的轉化工程裡，從古埃及象徵意涵的圖騰、符號、文字與埃及神話融合之意義，揭開人的本質與本體界（神或精神）、現象界（物質）之間關聯性的探索。並且，引導讀者如何運用這套工具，學習覺察與智力的擴展，培養感知事物共通性的共感力與直覺能力。對於靈性煉金術有興趣的朋友們來說，這是一套不可多得的理解工具。

黃逸美

「意識結構研究會」共構者

回到古埃及神廟，與諸神對話

　　我們都知道，塔羅是一個奇妙的功具，它連結了人生的圖像，與神對話的路徑。那麼，古埃及神圖塔羅就更勝一籌了！那塊神圖占卜棋盤，就像是一座可以隨身攜帶的小型神殿。運用它來占卜、詢問，就等同於瞬間回到古埃及神廟，與埃及諸神展開立即的對話。

　　這套神圖塔羅的創造者是一位有趣的人物。白中道博士具有美國血統、東方靈魂，也是華人的女婿。他對被遺忘的古埃及文明及神祕圖騰，彷彿有跨越時空的能力，他的靈魂跟這個過去的文明應該有所連結吧？白中道博士的靈魂深處，儲存著不受時空限制的奧祕，可以隨心去來。

　　白中道博士有非常豐富的人生經驗，傲人的學術背景，卻仍然像小孩子一樣，保有好奇、天真，以及頑皮，時時自得其樂。雖然，白中道博士在社會層面及靈性層面上都非常有成就，但我們在他身上，卻看不到任何過度用力的痕跡，也看不見有所隔閡的權威感。我們稱他為「白老師」，他就是這樣一位渾然天成的人物。

　　白老師的博大精深，簡直就是一座活動圖書館，什麼都知道！每當遇到白老師，學生總是問個不停。白老師對我們也是循循善誘，從未見過他留露出一絲不耐煩的神色。而且白老師的回答，常有出其不意的幽默感。只要白老師在場，總能聽見他不時的爽朗大笑，每件事情都充滿趣味。

如果你被古埃及文明吸引了，如果你對神圖塔羅的奧妙感興趣，絕對不能錯過這套書和牌卡、占卜棋盤，或是報名白老師的系列課程，親自領受，這座人類智慧的圖書館裡，有很多寶藏等你來探訪。

吳璧人

占星學、塔羅、北歐符文、巴赫花精療法教學研究者

協助人們自我探索，
充滿神聖智慧的古埃及神圖塔羅牌

　　我年紀還很小的時候，外祖父就去世了，他充滿知性的德國妻子，也就是我的外祖母，獨自一人住在德州一間小房子裡。我們家住在離她有點遠的馬里蘭州，我只能趁暑期放假去探望她幾天。當時我年紀太小，又很害羞，我們的交談大部分都沒有多大意義，我只是看著她在做什麼。有一次，只有我們兩個人獨處時，她拿出了一副撲克牌，洗牌後，在小桌子上一張張鋪開。紙牌總共排成四列，每列十三張牌；然後她指著那些牌，用摻夾德語的英語喃喃低語，我當時完全聽不懂她在說什麼，只是站在旁邊看著。但我很明白，這應該不是她平常打發時間玩的紙牌遊戲。她讀這些牌的時候，常常中途停頓，嘴裡唸著她為我取的小名「小心肝」，所以我知道她是在指我。整個占卜過程，似乎是在解讀我的未來，儘管當時不明白她說了些什麼，卻因此種下了我對「占卜」的好奇種子。

　　真正迷上塔羅牌，是許多年後的某一天。我發現我住的鎮上開了一家新的書店，門上招牌寫著「神諭塔羅書店」。一向愛逛書店的我，好奇的走了進去。一踏入這扇門，就愛上了這風靡全世界的塔羅文化，並成為一個狂熱的塔羅牌收藏家。外祖母在我心中種下的占卜種子，開始萌芽。

　　塔羅牌占卜的起源，跟卡巴拉的希伯來文化有很密切的關係。我的家庭擁有蘇格蘭、英國、德國的血統，並沒有什麼機會可以直接接觸希伯來文。但因為我母親當時是合唱團的指揮和管風琴

師，在紐約附近一間重要猶太教堂負責音樂的活動。每逢節日，她會要我一起加入合唱團，這些詩歌都要用猶太教的語言來唱，讓我接觸到希伯來文。這段教會唱詩班的經歷，幫助我很快就能閱讀希伯來文《舊約》的部分內容，為我日後學習卡巴拉這古文明智慧，奠下了基礎。

我在大學主修中國文學，從大學到博士都在研究古代文明，熟悉希伯來文對我研究卡巴拉有很大的幫助。因緣際會，我瞭解到卡巴拉是把古埃及文明的精髓，刻意轉譯成古希伯來字母的一種詮釋，不熟悉的人是看不出它們之間的關聯。研究卡巴拉使我很快明白，生命之樹和古希伯來字母是研究塔羅牌的重要線索，但其實它們都不是塔羅牌最初的根源。

一般人都認為，塔羅牌出現於中古世紀的義大利，但似乎沒有人清楚它真正的來歷，學術界也沒有人去深究這件事。當我探索並熟悉越來越多的牌卡，就越想知道真正發明塔羅牌的人是誰？它首次出現又是在何時何地？這個渴望喚醒了我的古埃及靈魂，使我想更近一步鑽研塔羅與這神聖文明之間的關係。

因此，我的下一步，當然就是去學習古埃及智慧，研究這偉大文明流傳下來的藝術、文學和建築。古埃及古籍和文物寶庫中蘊藏了大量的線索，多虧有許多偉大學者先驅的研究工作，我才能夠穿越時空的迷霧中，汲取到這些寶藏，回復塔羅牌遺失已久的歷史輪廓。基於這些發現，我修復並重新改良新王國時期風格

的「神圖塔羅遊戲棋盤」（Senet Tarot Game Board）和「神圖塔羅占卜棋盤」（Senet Tarot Oracle Board），設計出一套可以同時用來遊戲和占卜的現代化牌卡：「古埃及神圖塔羅牌」。

　　塔羅牌除了是一種遊戲和神諭之外，它更是一門藝術，適用於所有古老文明和現代社會。相關的許多研究還在進行中，但我們已經有了具體的考古證據，證實古老的遊戲「神圖」（Senet）後來被應用在占卜上，演變成現在的塔羅牌，並發展成一種自我成長和科學探索的工具。它對於各世代的影響力，遠超出我們的想像。我認為，經過無數世紀以來各個文化的投入與修復，這套適合現代人使用的《古埃及神圖塔羅牌》，可以協助人們提升生活品質，也是一個比法老時期更有趣更多元的神聖智慧的工具。

第 1 章

「給知識」的塔羅

「**塔**羅」是一種紙牌遊戲，一副標準的塔羅牌總共有七十八張牌，可以分成三組：

- 二十二張主牌：代表生命的原型。
- 十六張宮廷牌：代表社會的不同人物、角色與地位。
- 四十張小牌：代表生命的各種過程。小牌的花色有四種，代表水、土、火、風四種元素；代表精神修行者、商業交易者、工作服務者、行政管理者四種社會階級；以及代表情緒、價值觀念、注意力及決定能力。

撲克牌這種紙牌遊戲，是從塔羅的宮廷牌和小牌延伸而來。一副五十二張的撲克牌，省略了四張塔羅騎士牌，所以只有十二張宮廷牌和四十張小牌。

有人使用塔羅牌來玩紙牌遊戲，有人則使用它來占卜各種人間問題。雖然塔羅牌在全世界已經相當流行，但極少人知道「塔羅」這個字是什麼意思，對於塔羅的最早來歷與發展也很模糊。寫這本書的目的之一，正是要把這些關於塔羅牌的用意與來歷說明清楚，讓一般人都能了解塔羅悠久及有趣的歷史發展。

塔羅的來源

塔羅可以與你產生連結。它是一種遊戲、一組工具，也是一面讓你照亮心靈的鏡子。透過揭開你內在的神祕面紗，它可以洗淨遮蔽你的煩惱雲層，聆聽你此生使命的訊息，覺察你最深的渴望，進而打開你的心靈，發揮你全面的潛能，讓你活在愛、慈悲、合作與友誼之中。

塔羅原來是一種古老的民間遊戲。它也是很多文明的混合成果，這些文明包括古代中國、印度、中亞、中東、非洲、羅馬時代和中古歐洲。

有人說，塔羅是吉普賽人創造出來的；其實，吉普賽人只是在中古時代晚期，讓塔羅的遊戲與占卜廣為流傳，造成歐洲的流行而已。有人說，塔羅的起源是猶太人的卡巴拉；在某些方面來說，這個說法對塔羅的占卜方面有些道理，我在後面章節會介紹一些卡巴拉對塔羅的影響。不過，猶太人只是採用已經存在的塔羅系統，讓它與他們的文化連結。

　　最主要的塔羅來源，我認為它是來自於古埃及的一種棋盤式遊戲。這種塔羅遊戲，在古埃及的文明中，從舊王朝開始就已經具有相當核心的地位；到了新王朝時期，雖然還沒有演變成我們現在使用的紙牌遊戲，但從它的內容與使用來看，已經可以清楚發現，它正是後來許多遊戲的源頭。

塔羅的含義

　　「塔羅」（Tarot）其實是不正確的拼法，比較正確的拼法是「塔羅克」（Tarok）。這個字很可能是古埃及文 〔象形文字〕，唸法是「達類克」（Da-rekh），意思是**「給知識」：讓一個人了解一件事情。**

　　沒有人可以完全確定塔羅（塔羅克）這詞的由來。我分享自己的看法：當我開始研究塔羅時，起先，我以為是土耳其人把紙牌引進歐洲；但在深入研究古埃及經文後，認為 〔象形文字〕（Da Rekh）這個埃及詞彙很可能就是「塔羅」的來源。

　　古埃及人非常重視學問、智慧與知識，相關的古埃及象形字是 〔象形文字〕（rekh），〔象形文字〕（da）則是「給」。把這兩個詞合起來：〔象形文字〕（Da Rekh），意思就是「給知識」。

　　〔象形文字〕（Da Rekh）是一種課本或教育工具，可以給予人民知識和智能。後來這詞變成義大利文的 Tarocchi，德文的 Tarock，法文和英文的 Tarot。

古埃及象形字	古埃及文唸法	義大利文	德文	法文及英文	中譯
	Da Rekh	Tarocchi	Tarock	Tarot	塔羅

古埃及人會有　　　這樣的說法，是因為他們發現在玩棋盤遊戲的過程裡，從中所得的知識，會效仿這些人、事、物來提升心靈；後來他們又發現，遊戲中的每一個組件和棋盤的方格，都可以象徵一個人或一個社會的許多事情。這些就宛如每個人的心靈現象一般，也就是現今心理學者所說的原型（archetypes）。

古埃及人很早就在玩遊戲和賭博中，以擲骰子或小木條的方式，隨機選出數字。用在占卜上，則是先問問題，然後擲骰子或擲木條來決定占卜棋盤上的哪一個位置——「宮」——會對他們的問題「給予知識」。於是，古埃及的棋盤遊戲，從單純的遊戲，變成了探索心靈的媒介。

古埃及人把　　　（Da Rekh）的棋盤，當作一面鏡子，用來照亮自己的心靈。他們透過棋盤給出的答案，可以看清楚最內在的心靈，也可以從它的回答與建議中，聆聽心靈的訊息。

娜佛塔里皇后使用古埃及神圖塔羅占卜未來。

古埃及神圖塔羅牌

第 2 章

「權衡心靈」的神圖

發現古埃及的神圖棋盤

雖然有這樣的傳說，認為塔羅是古埃及人所創的，不過等到當代考古學者打開了古埃及金字塔與陵墓時，卻沒有看到類似現在的塔羅紙牌，所以否認了這種說法。然而，考古學家卻在牆壁、木乃伊的棺槨和紙莎草書卷上，發現古埃及人常常畫了一些重要的神祇正在進行一場奇特的審判儀式的圖案。

這些圖案上，還有一些古埃及象形文字的經文。當考古學者與其他專業學者解讀這些經文時，他們發現了古埃及人在幾千年的歷史文化演變過程中，傳下來一個主要的習俗，叫做「權衡心靈大審判」，而這個審判場面叫做「權衡心靈儀式」。

因為這些經文與圖案是在陵墓裡發現的，所以學者把相關書卷稱為《死者之經典》。經文的內容是祝福與訓示死者之靈，讓他在通往陰間和下一次再生的旅行中，能夠得到安樂。學者進一步詳細翻譯這些經文後，他們發現經典的真正名稱是「關於出來到日光中之訓示」。換句話說，這是一本說明開悟道路的經典課本。這些經文與儀式的目的，是要幫助死者在死後的未來，找到開悟、快樂與永生的機會。

我認為這本書卷也可以稱為《開悟經》。因為經文裡的知識不但適合給死者使用，也同樣適合給還活著的人閱讀。畢竟，如果死者在未來能開悟固然很好，但為什麼要等到人死後才開悟呢？

學者會如此重視古埃及人對死後的信念，是因為古埃及人的陵墓幾乎是他們的文化唯一完整留下的東西。經過幾千年的異族侵略與破壞，以及長時間的自然耗損，大部分古埃及人的生活遺產與文明幾乎都已經毀滅了。幸好，還有一些大型石塊建築物沒被全部摧毀，還有一些祕密殉葬品沒有被盜墓者發現，才讓現代人得以窺探古埃及人的生活與文化。

考古學者常常在古埃及陵墓中，發現有件東西和殉葬品放在一起。這是一種畫成三十個方塊格子的圖案。許多地方都繪著或雕刻了這些格子圖案，在牆壁上、地磚上、紙莎草紙或長方形木盒上都會見到。

圖坦卡門法老王陵墓中發現的三十格棋盤。

根據考古研究，古埃及人使用這些圖案來玩一種棋賽遊戲。這種遊戲在古埃及流行了幾千年。遊戲的名稱叫做「神納圖」（Senet）或「神圖」遊戲。

（神納圖）的意義，除了「經過」或「超越」之外，還有其他含義。（sen）是原型、雕刻像、抄寫、複製、打開或說謊。

這種神圖遊戲是古埃及人在家庭與社交上很重要的活動。雖然我們還不完全清楚神圖遊戲的規則，不過，推論它原本類似古印度爬棋戲（Pachisi）和中東流行的貝格門雙陸棋賽（backgammon）。這種棋賽是由兩個人對弈，雙方有幾個棋子，以丟骰子或擲木簡的方式輪流換手，每個人可以運用戰略，移動棋子。遊戲目標是要將棋子從起初的角落格子，移動到斜對角最後的格子。當所有棋子從最後一格跳出來後，就會到達太陽神的源頭位置，就擁有整個棋盤，贏得勝利。

這種三十格的長方棋賽板，古埃及象形文字是 ，唸做「民」（Min）或「門」（Men），這個名字也是古埃及最原始生命創造能力的神，並且是埃及第一位法老王的名字。在圖坦卡門法老王的名字裡，就有這個「門」字。

後來，古埃及人開始用這三十格的長方板，代表每個月有三十天的月曆。每一個格子，除了代表一天之外，也代表一位古

埃及神祇。這樣排列之後，讓這個棋盤很容易被認為是埃及主要神祇的場面，等於是一座可攜式的萬神廟。

在古埃及文化中，最著名的場面就是那場陰間大法庭「權衡心靈儀式」。那場儀式的用意，是要確認一個人的心靈是否完全真誠。自從古埃及人把神圖棋盤看成是神祇聚集的場面之後，用它來占卜，就是很容易理解的過程。它後來變成最早的「微伽占卜板」（Ouija Board）。

我們可以把古埃及這種棋盤占卜法稱為「神圖占卜法」（Sentomancy）。「神圖」這個名稱，剛好能譯出古埃及最愛玩的棋盤遊戲──神納圖。「神圖」有「神聖的圖」之意，也很適合神圖棋盤作為群神聚集的場面。

當神圖遊戲變成神圖占卜的媒介時，最重要的過程是要權衡自己的心靈。**一個人可以使用神圖占卜棋盤，來與群神通靈，進而解讀自己心靈最隱密的想法與傾向。**

遊戲時所使用的棋盤，有的是在三十個格子各畫了三十位埃及神的底圖圖樣，有的是只畫幾個重要的格子，或是用埃及文字取代神的底圖，也可以是完全空白的格子。

格子的排法則有兩種：一種是棋賽遊戲使用的日曆排法，也就是遵循一個人的生活過程，一條曲折的跑道路線。另外一種則是暗示古埃及人都很熟悉的「群神權衡心靈儀式」。這是一個完全對稱的平衡場面，上行是天道，下方為人間的地道，中間則是隱形的靈道。（本書所附的神圖占卜棋盤即是第二種。）

「權衡心靈儀式」的經典場面

《開悟經》（或稱《死者之經典》）從第十七章開始，描述死者的快樂永生狀態。第十七章讚美與歌頌仙靈在美麗的「阿民內特地」（Amentet）神仙境界內，自由進出。祂白天出來扮演各

種存有的形貌，一切都是祂喜歡的；然後祂坐在草屋中用神圖占卜，以讓祂出來當活生生的仙靈。

經文還附加古埃及開悟的書記官阿尼（Ani）在玩神圖占卜的插圖。阿尼的妻子兔兔（Tutu）坐在後面，看著他占卜的過程。在茅屋外，他們的人頭鳥身靈魂就站在陵墓上，準備要去履行占卜的決定結果。

書記官阿尼與其妻兔兔，正在玩神圖占卜。

《阿尼紙莎草書卷》（*Papyrus of Ani*）的「死者之經典」版本中，所附的「權衡心靈儀式」圖裡，有很詳細與完整的群神場面。我在設計本書所附的神圖塔羅占卜棋盤時，就是以《阿尼紙莎草書卷》的群神權衡心靈儀式為主。另外，在《胡乃佛紙莎草書卷》（*Papyrus of Hunefer*）與其他版本裡，有不少例子的權衡心靈儀式都跟《阿尼紙莎草書卷》的圖案大同小異。由此可見得，在經過幾千年後，權衡心靈儀式的基本人物與場面都沒有改變，只有一些小細節可以隨意設計。

古埃及人都很熟悉這場權衡心靈儀式的內容，神祇的位置可以有些小變化，也可以改變幾位神的名字或畫法，或省略幾個不那麼關鍵的人物，但基本場面與意義是不會更改的。

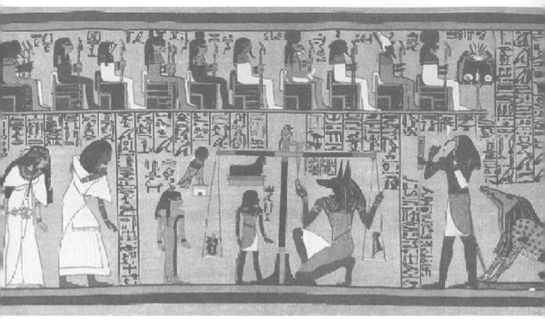

《阿尼紙莎草書卷》的權衡心靈儀式（一）

　　上圖是《阿尼紙莎草書卷》的權衡心靈儀式：

　　在圖的上方，十位神坐在各自寶座上作見證。圖中央下方是死亡神安普（Anepew）在調整天秤的秤錘，旁邊的骰（Shay）神注意觀看著。天秤上面是誇猴天鬧（Qefetenu），祂掌握秤舌，干擾著安普的測試過程。

　　左側是阿尼與他的妻子兔兔，右側是圖特（Thoth）記錄著權衡的結果。後方的魔鬼阿迷特（Ammit）想吃掉阿尼的心臟，但卻吃不到。接下來，《阿尼紙莎草書卷》（參見右頁圖二）描述活路神帶死者去見「魔術師」巫師神（歐西里斯），聆聽審判。站在巫師神後方支持的是：「女教宗」愛惜特女神和「節制」尼伯西特女神[1]。

1　編按：本書古埃及神祇的中譯名稱，都是依據作者從古埃及象形文字的唸法和字義，採取了更接近的譯法。更多說明請參見每張牌的說明及釋義。

《阿尼紙莎草書卷》裡記載的權衡心靈儀式場面，可以看見有十位神坐在上方格子裡的神殿寶座上。古埃及人這則權衡心靈的神話故事，是用很圖形化的方法，提醒人民關於心靈的祕密。這些祕密非常單純，但它們和我們有很密切的關係，也形成了人類文明的基礎：

1. 整體

人生是一個整體。我們無法把自己與環境或別人分開，否則我們會讓自己進入痛苦、死亡與分解。在巫師神的古埃及神話裡，描寫祂被弟弟塞特（Set）殺害，還支解了屍體。經由「女教宗」愛惜特女神與「節制」尼伯西特女神把「魔術師」巫師神（歐西里斯）的屍骸碎片拾來，然後經過「教宗」圖特神的奧妙治療技術，讓巫師神復活，並得到永生。

　　在這則神話裡，巫師神給我們的激勵是：我們真的可以回復到生命的整合。愛惜特女神的包容、慈悲與愛的精神，可以帶領這個整合過程；尼伯西特女神雖然是凶手塞特的妻子，但她的真誠意味著補償的意義；圖特持有生命的奧祕。這三者相加，就能

《阿尼紙莎草書卷》的權衡心靈儀式（二）

引起生命的整合。整體的群神場面既是見證，也是顯示那整體。

2.誠實
「死亡」安普神細心調整正義的天秤，用來權衡心靈的輕重。不誠實會讓心靈變得沉重，導致自我毀滅。

3.真理
埃及人用羽毛象徵「正義」真理女神瑪阿特（Ma@t），認為真理跟羽毛一樣輕。真理是一個信念，而信念就是念頭。如果你心靈深處的企圖與頭腦的想法互相配合，你肉體經驗所提供的實際證據，將會完全符合你的想法，而讓你感覺像羽毛一樣輕鬆。「死亡」安普神用瑪阿特的羽毛來權衡死者的心靈，確定它是否會被沉重的思考矛盾壓低了。

4.輕鬆的心情
瑪阿特的羽毛很輕。所以，心靈要比它還輕，才能通過審判。連死亡這樣沉重的事情，都可以變成很輕鬆的經驗。

5.幽默
安普細心的調整天秤，圖特嚴肅的用紙筆記錄權衡的結果。不過，如果你仔細觀察的話，會發現在天秤的舌狀指針上，有一隻小狗臉的狒狒猴。祂在那位置上，可以隨意搞鬼，讓指針的方向偏差，使檢驗的結果不同。這隻狗臉小狒狒猴是誇猴天鬧，祂也是巴巴神的化身，以裝傻玩耍的態度，故意搞亂這場權衡心靈儀式的嚴肅審判結果。這小傢伙正是在提醒我們：輕鬆看待我們的真實與誠信。（這隻狗面狒狒猴是不是就像《西遊記》裡調皮的孫悟空呢？）

從昧很遊戲到神圖棋盤

　　距今約五千多年前，古埃及的舊王朝時代，也就是第一個王朝還沒有建立的時候，神圖遊戲還沒有出現，當時的北非洲人喜歡玩一種叫做「昧很」（Mehen）的遊戲。

　　這種遊戲是用一個圓形的泥土板來玩。他們在圓盤上，畫了一條盤旋的蛇，那條蛇的名字就叫做「昧很」（Mehen）。這條昧很蛇圍繞著太陽，保護太陽在夜裡經過陰間肚窩特（Duat）不受傷害。肚窩特（Duat）的意思是「中陰身」，另一方面，肚窩特代表子宮，昧很則是代表保護胎兒的臍帶。

　　蛇的頭在圓板中央，尾巴向外。這條蛇被分成許多段，遊戲的目標是要把一些陶土做的小動物棋子，從最外部的尾巴，移到中央的蛇頭裡。這種遊戲是模仿生命意識的進化過程。雖然我們並不完全清楚昧很遊戲的規則，但顯然這種遊戲在古埃及流行了幾千年，後來才被神圖遊戲取代。

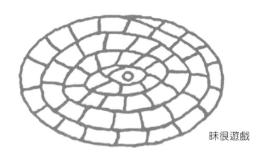

昧很遊戲

　　後來，古埃及人把圓形的棋盤改成長方形的神圖棋盤，但棋子所經過的彎曲路線仍然叫做「昧很」。遊戲規則隨著棋盤形狀的改變而變動。長方形棋盤有三十個方塊，排成三排，每排各有十個方格。移動順序是第一排從左到右，第二排從右到左，第三排再從左到右。

只有幾個圖騰的神圖棋盤　　　　　　　　　　　----->　棋子的路線

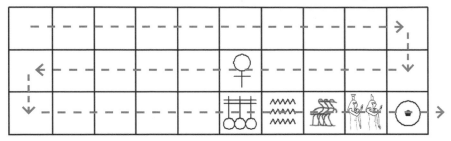

　　神圖棋盤本來是一對一的競賽遊戲，每一個棋手有幾顆棋子，目標是要把所有棋子從起點移送到終點。

　　但這三十個格子也可以代表埃及的月分。古埃及的曆法，一年有十二個月，每個月有三十天，再加上年底有五天的閏月。這五天是埃及一些主要神祇的生日。一年共有三百六十五天。

　　跟宿（Khensu，「旅行者」月亮神），也可能是圖特的別名。每個月的每一天都是圖特的不同化身，就像月亮的變化一樣，同時也有不同的神話故事。因此，神圖遊戲可以說是度過圖特的各種月亮圓缺變化與故事的遊戲。

　　棋盤的最後五個方格，也代表年底閏月的五天節日。

　　常見的棋盤中，有幾個重要格子：

　　第15格：「再生宮」，開啟運轉道路之門，與死後再生的出發點。相當於塔羅牌的命運之輪。

　　第26格：「三倍美麗宮」，相當於塔羅牌的隱士，指的是巫師神的心靈淨化。

　　第27格：「三倍水宮」，相當於塔羅的死亡，指的是生命的無形能量、死亡與消滅，也是「死亡」安普神。

　　第28格：「三倍巴靈魂皇帝宮」，相當於塔羅牌的皇帝，指的是心靈成長到皇帝或法老王的過程。

第29格：「高塔宮」，相當於塔羅牌的高塔，是愛惜特女神及尼伯西特女神或特牡神與日神（Ra），指的是慈悲與仁愛精神所帶來的突破性快樂。

第30格（最後一格）：「英雄宮」，相當於塔羅的戰車牌，代表人的意志與決心。埃及神祇是活路神。

依據肯達爾（Kendall）的研究，棋盤遊戲的兩位玩家各有七顆棋子。在移動棋子的過程中，需要遵守一些規則。這幾個格子有特別的定義和玩法。最終，玩家要把所有棋子都跳出棋盤，才贏得最後的勝利。[2]

當跳出最後一格後，玩家就贏得了比賽。從最後一格跳出來之後，意味著到達看不見的心靈光的隱形太陽，也就是生命的源頭，從塔羅牌的戰車變成太陽了。埃及太陽神是「阿民日活路阿虎帝」（Amen Ra Heru Akhuty），代表一年的結束和下一年的開始，一生的結束和下一生的開始，當下一個念頭的結束與另一個念頭的開始。

這種神圖遊戲慢慢變成了人生旅程的象徵，變成旅遊人生的地圖。群神就排列在民神的神圖棋盤上，作為人類的心靈導遊與人生快樂的關鍵諮商顧問。

雖然神圖棋盤上經常沒有畫出神的圖像，或只畫其中幾個方格，或使用代表性的圖騰，但古埃及人都很清楚這些神話，都知道神圖棋盤上的神祇排列。

古埃及最有名的群神場面就是權衡心靈儀式。在古埃及流傳了幾千年，連稍微受過教育的小孩子都知道這場傳統儀式的意義。這則神話扮演著重要的角色，這場權衡心靈儀式的神祇，和

2　參見 Timothy Kendall, *Passing Through the Netherworld: The Meaning and Play of Senet, an Ancient Egyptian Funerary Game.* (Belmont: The Kirk Game Company, 1978)。

神圖棋盤上的三十位神祇有著密切的關係。大家都熟悉神圖棋盤上神祇的各種排列變化。

棋盤本身叫做「民」或「門」，在古埃及文裡指的是基礎的創造性覺識，也是生命能力的智慧。當你的戰車過了最後一個方格，這意味著你的棋子脫離了棋盤，到達了超然的「阿民日」（Amen Ra，隱形太陽，形而上的最高心靈境界）。當你的棋子全部到達目的地後，你就贏了遊戲，得到了永生。

一座可攜式小型神廟

民神在埃及文的象形名字，是神圖棋盤的側面圖。因此，阿民日神就是整個的神圖棋盤。這表示神圖棋盤不但是民間的棋盤遊戲，而且是埃及文化的基礎；埃及的神祇都在阿民日神的裡面，也就是在神圖棋盤上。古埃及第一王朝的第一位法老王叫做「民」。「民」是生命的基礎，也包羅萬神。

神圖棋盤的側面圖，
也是民神的象形字。

阿民日神的另
一種圖形。

「阿門」（Amen）代表隱形的潛在創造能力、一切萬物的源頭，常被畫成陽物勃起的民神，祂代表大自然中的生物與人類生生不息生育能力。古埃及人常常叫祂「阿門」或「阿民」，意思是隱形者、親愛的基礎神，或是親愛的神圖棋盤。這就是現在基督徒禱告結束時所說的「阿門」。

這種陽具勃起的民神圖形，顯示祂的「卡」生命力很強。民神的皇冠上有兩根極長的鴕鳥毛，代表祂的生命呼吸一直延伸到天的最高境界。民神的一隻手舉高，舉出「卡」的手印，表示生命的高潮電能已經衝到極點；舉高的手揮動著農民使用的打穀「安宿」連枷，證明祂的生殖能力一定會產出豐富的農業收穫。民神後面常顯示一座小花園，這就是古埃及的伊甸園，也代表人的呼吸系統與身體的健康氣體的交換與循環。

　　古埃及的巨型石作建築物，包括金字塔、神廟、石碑、大神像等，都是紀念民神的神圖棋盤的基礎意義。太陽神的象徵如下圖所示，包括了牛（卡）電磁的生命性能量與羊（巴）呼吸的靈魂。所以，民神的神像中混合這兩種功能，並且含有永生的祕密方法。太陽神的慧眼能看清楚如何得正義，以及在天上永生。

卡、巴的象形文字

卡（Ka）　　　卡　　　　卡　　　巴（Ba）　　巴

阿天（Aten）與和朴拉（Khepera）

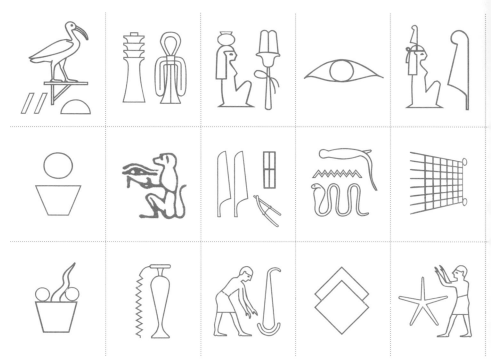

畫出全部埃及圖騰的遊戲棋盤。

　　神群的觀念在古埃及文叫做 （八巫
帝），含義包括：神群、永恆、麵包或蛋糕供
品，寫法是一個圓圈包住一個方塊。神圖遊戲
剛好是一個有限的生命遊戲方塊棋盤，在一個
永恆無限的心靈覺識圓圈裡，玩耍旅遊。

　　在格子裡的神圖，不一定要畫出來，因為祂們本來就有隱形
的可能，而且也有不同的排法。幸好有三份神圖經文的抄寫本和
幾個殘缺的棋盤被保存下來，透過學者的努力研究與比對，恢復
了大部分的原貌。

　　上圖是三十格棋盤全都畫出埃及圖騰的情況。

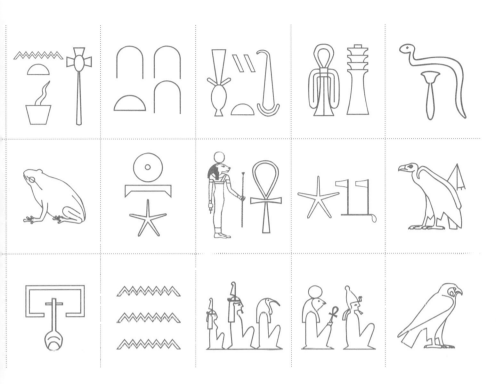

　　以遊戲旅程來排列棋盤上的神群，根據《易經》的「後天」文王八卦排法的例子，我將之稱為「後天排法」。這樣的遊戲棋盤，既是日曆，又是人生的旅遊，路線是從上行由左到右、中行由右到左、下行由左到右，可以解讀為在生命過程中，埃及神祇所代表的意義。從第一格圖特神，到第二格教導巫師神開始，直到最後一格，變成永生的宇宙英雄活路神，出世入世，每個格子的神祇可以串起一系列的故事。

　　古埃及法老在世時是活路神，死後是巫師神，永遠的本來面目則是宇宙高我——太陽日神。其實，所有的埃及神都是太陽日神的化身遊戲。

古埃及神圖後天排法

圖特神
（教宗）

巫師神
（魔術師）

星空女神
（星星）

視覺瑪阿神

真理女神
（正義）

蓋布神
（世界）

諸猴天鬧
（愚人）

兔兔
（戀人）

阿迷特
（魔鬼）

保母女神
（月亮）

尼伯西特女神
（節制）

風王西方神

火王南方神

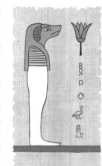
水王北方神

土王東方神

聽覺斯哲牡神

產婆女神
（審判）

味覺壺神

愛惜特女神
（女教宗）

胎兒期的活路神
（倒吊人）

骰神
（命運之輪）

阿民口神
（太陽）

特婦女特女神
（力量）

觸覺薩神

母特女神
（皇后）

本無鳥
（隱士）

安普神
（死亡）

舒神
（皇帝）

特牡神
（高塔）

活路神
（戰車）

另一種神祇的排法是根據心靈權衡審判場面來排列，根據《易經》的

古埃及神圖先天排法 （本書所附的神圖棋盤）

尼伯西特女神
（節制）

愛惜特女神
（女教宗）

母特女神
（皇后）

活路神
（戰車）

星空女神
（星星）

味覺壺神

胎兒期的活路神
（倒吊人）

觸覺薩神

風王西方神

水王北方神

兔兔
（戀人）

產婆女神
（審判）

保母女神
（月亮）

阿迷特
（魔鬼）

本無鳥
（隱士）

古埃及神圖塔羅牌

「先天」伏羲八卦排法的例子，我將之稱為「先天排法」。

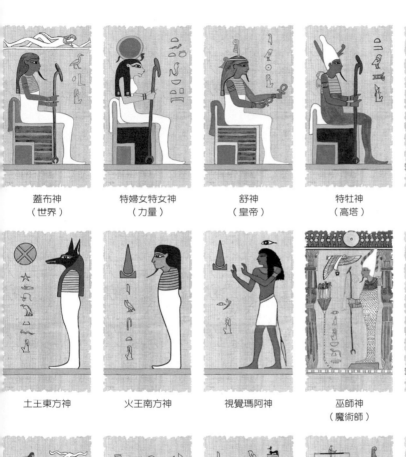

蓋布神 （世界）	特婦女特女神 （力量）	舒神 （皇帝）	特牡神 （高塔）	阿民卩神 （太陽）

土土東方神	火王南方神	視覺瑪阿神	巫師神 （魔術師）	聽覺斯哲牡神

骰神 （命運之輪）	誇猴天闓 （愚人）	安普神 （死亡）	真理女神 （正義）	圖特神 （教宗）

神圖棋盤是群神聚集的場地，它就像一座可攜式小形神廟。人們自然可以使用這塊神圖棋盤來占卜。這一點跟之後發展出來的塔羅牌差不多，神圖棋盤也非常方便攜帶。

　　從一對一的神圖棋盤競賽，漸漸變化成一個人單獨與神或自己的高我所玩的遊戲。目標是要權衡自己的內心，來瞭解生活中或死後最適合的道路。古埃及人對死者的追悼很重視，常常把神圖棋盤放在親友的陵墓裡，成為陪葬品。讓死者在死亡後的旅程上，能與群神一同享樂和詢問疑惑。也因為如此，考古學家才能發掘出完整的神圖棋盤。

　　此外，在古埃及藝術中，要區分他們是在用棋盤玩遊戲還是用來占卜，方法很簡單。如果看到兩個人面對面，棋盤放在兩人的中間，那麼就是在對弈、玩遊戲（下圖左）。如果看到一個人單獨對著棋盤，就表示他是在占卜的過程（下圖右）。

（左）兩人對弈，（右）一個人占卜。

　　埃及新王朝時有三本書，可以幫助我們了解埃及塔羅的發展：《神圖遊戲經》、《日神連禱經》、《圖說在肚窩特時》。《神圖遊戲經》讓我們確定神圖占卜板上的主牌與宮廷牌，《日神連禱經》讓我們確定埃及在新王朝時就已經有一套七十八種神與護身符的完整靈性自我修行系統。主要神與次要神，與本書所附的神圖塔羅牌差不多，就像現代的整套塔羅牌一樣。而且也在這套系統裡使用很多護身符，只是一些名字或稱呼方式偶有不同。讀者如果有進一步的興趣，可以請參考我對這三本書的翻譯與解釋。

第 3 章

塔羅牌的演化

我將在這一章中，以簡短的歷史說明：塔羅主牌是從古埃及人而來；小牌的數字與花色觀念則是從古中國，經過在中東的混合，在歐洲中古社會流行，後來變成現代的塔羅牌。[3]

錄尼字母系統

要介紹塔羅牌二十二張主牌如何從古埃及而來，每個字母和神圖占卜板的群神有什麼關係，第一個重要的觀念是從最原始、最簡單的錄尼字母系統（Runic system）開始。千萬不要引用後來才普遍出現的希伯來文字。

這要從腓尼基人借用古埃及字，發展自己的字母系統說起。

雖然有人認為，最早發明了真正書寫方法的是兩河流域的蘇美人，他們用小棍子在泥塊上畫出記錄，從簡單的數字記號，發展到圖形文，變成「楔形文字」；但其實，古埃及字母系統就已經非常成熟了，是目前所知最早出現的文字。

當閃族人（腓尼基人）到達埃及與北非其他地方，與當地有貿易往來與文化交流時，他們發現了埃及這套字母系統，遠比兩河流域所用的楔形文字方便。因為楔形文字是寫在泥土板上，非常笨重，不適合閃族人航海、游牧與經商的生活方式。於是，閃族人採用了埃及人的觀念，發展出適合自己運用的文字。但為了簡便起見，腓尼基人只使用字母系統，而不是用好幾百個象形文字。

他們觀察到蘇美人與阿卡德人使用一些文字代表音節，也用這樣的表音方式，使用一些象形文字代表單獨的發音，創了第一

3　如果讀者想進一步研究的話，請參考柯普蘭（Stuart Kaplan）先生三本內容豐富的《塔羅牌百科全書》。丕丘尼教授（Professor Peter A. Piccione）也對古埃及神圖遊戲做了很多研究，可以參見他的網頁「In Search of the Meaning of Senet」，他即將出版一本書《Gaming with the Gods: The Game of Senet and Ancient Egyptian Religious Belief》。考古學與其他研究不斷進行，將來一定會有更多有趣的新發現。

套字母系統：錄尼字母系統。這套字母系統是每一個聲音只有一個字母，不像埃及系統有同音不同字的重複發音。

很奇妙的是，當腓尼基人決定了不要抄寫古埃及現有的字母系統時，他們另外想了一個很聰明的辦法：使用古埃及群神「權衡心靈儀式」的神話，作為他們的字母系統的基礎。雖然這則埃及神話和閃族人的文化傳統並無關聯，但因為整個地中海區域的人們，包括閃族人在內，都對這則古埃及故事耳熟能詳。從這則神話故事發明的新字母系統，會讓他們的人民很容易背誦和記憶。

腓尼基人把「權衡心靈儀式」裡的每一位主神，代表了一個字母。也就是從每一位埃及神的名字或神話特質中，選了一個適當聲音和意義的腓尼基字。該字母的發音就是那個字的第一個音。所選的字都跟腓尼基人的日常生活有關，有的是手或眼睛等身體部位，有的則是周遭環境裡重要的日用品，例如房子、駱駝、牛、刀、繩子等。

腓尼基人創造一套很簡單的字符集，只有二十二個字符。這套字符集的每一個字母，都是一個簡單的象形文，也是屬於幾何的最簡單圖形，例如：角、圓圈、三角形與方塊。當他們拼出來了一個詞時，通常包括了幾個字母。許多字母的連接，會暗示一群可能的解讀法。人民後來習慣了一般認同的意義或幾個常用的讀法，因為大致上意義已經保存在字母裡，使用同樣字母而不同拼法的字常會有類似的意義。

古埃及象形文 ⌒（八巫帝）的意思是永恆。在腓尼基的閃族文中是 ○△（歐德）。

腓尼基人選了圓圈或球體來代表 ○ 的圓唇濁喉音，意思是眼球，要看東西需要光，光是從太陽來的，太陽是天上最光亮的球體、是天的眼睛。在靈性意義上，太陽是生命源頭，是太陽系的中心，是最古老和最永恆的。

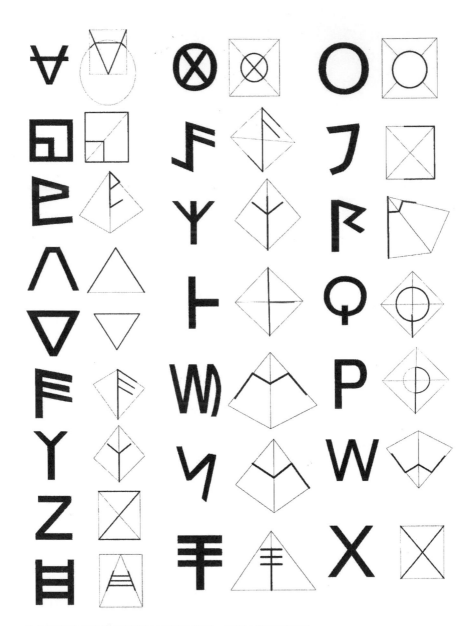

從太陽光球O與大金字塔△之間的互動裡，發現立體錄尼字母。

古埃及神圖塔羅牌

腓尼基人選了三角形或金字塔，代表△的舌尖點齒根的濁齒音。金字塔是最穩定的物體，也是最簡單的固體。三角形是最簡單的平面多角形。古埃及的大金字塔，是人類文明最古老的大形物體，也是專門給法老王「永生」的工具。

　　當「太陽眼睛掛在金字塔上空」，把○放在△之上，就拼出閃族文「永恆」的意義。

　　其他字母也是這兩個形狀裡的互相關聯，從不同角度觀察所創造出來的。後來的凱爾特、北歐、塞西亞等人的神祕錄尼字符集，大概都是從這套「金字塔眼睛永恆」系統而來。這些簡樸的幾何形狀，可以說是宇宙永恆的原理。（參見左頁）

　　另一支閃族人叫做希伯來人，同時間也與古埃及人、腓尼基人有互動，他們的語言相當接近腓尼基人。很多希伯來人對埃及文化也有相當的接觸與瞭解，因此，他們全面接收了腓尼基人的字母系統，也參與了字母系統的發展過程。

ᚳᚠᚾᚢᚫᚣᚤᚦᚨᚧᚩᚪᚸᚬᚭᚮᛄᚯᚴᚤᚱᚲᚴᚾᚠ

ᚪᚹᚫᚾᚤᚠᚣᚤᚦᚨᚧᚩᚪᚫᚣᛄᚱᚾᚠᚩᚱᚱᚤᚹᚫᚴ

兩套原始的古希伯來字母表

　　後來，希臘人採用了這套閃族字母，變成希臘字母時，又做了一些調整，加了幾個新的字母。不過，希臘人的語言和閃族人的語言非常不同，也跟埃及語沒有什麼關係。因此，雖然希臘人借用了閃族字母，也保留了字母的大概發音，但原來字母的意義都已經不見了。例如，我們現在在科學與數學裡常用的希臘字母 α、β、γ、δ 等，都不再有原始的古希伯來文意義，更和古埃及語言沒有關係了，它們只是需要死背的字母。

接下來，則是羅馬人借用了希臘人的字母系統，但因為他們的語言跟希臘文不同，所以又做了修改。

這樣的字母修改的過程不斷發生，直到現代世界大部分的人民都使用字母系統，僅剩下一些民族使用象形文字。現在世上所有的字母系統，雖然發音、字形、意義不同，但都是從埃及人發明字母，被閃族人系統化、放棄使用複雜的象形文字開始。

古希伯來字母	發音	名稱	意義	象形指事	數字	現代化的希伯來文字
∀	無聲	ALePh	公牛	牛的頭與角	1,1000	א
⊟	B, V	BeYT	房子、宮殿	房屋	2	ב
∧	G, Gh	GiMeL	駱駝	駱駝峰	3	ג
△	D, Dh	DaLeT	門	帳篷的門、女人的陰部	4	ד
⊨	H	HAy	連枷、這個	打穀連枷權杖、指揮棒	5	ה
Y	U, V, W	VaV	杖、釘、鉤	牧羊人的叉形拐杖	6	ו
Z	Z	ZaYN	武器、刀	長柄大鐮刀	7	ז
目	H (asp.)	HeYT	裁縫師	線	8	ח
		HUT	線、繩子	繩子		
		HRM	網	繩結之梯、網		
		HBL	繩	繩子		

古希伯來字母	發音	名稱	意義	象形指事	數字	現代化的希伯來文字
⊗	T (retr.)	TeYT	泥土	製陶器用的橫式轉盤	9	ט
ƒ	Y, I	YaD	手	伸出手	10	י
Ϋ	K, Kh	KaPh	手掌、山洞	指頭展開的手掌	20	ךכ
Ϯ	L	LaMeD	教條	陰莖（禁忌）	30	ל
ϻ	M	MaYiM	水	水的波浪	40	ם
Ϟ	N	NaNaS	矮人	一滴膏藥	50	ן
		NiYN	後裔	一滴液汁		
╪	S(retr.)	SaMeKh	支持、撐住	柱子、算盤	60	ס
Ο	O (gut'l)	OaYN	眼睛	眼珠	70	ע
⅃	P, Ph	PeI I	口	嘴的側面	80	ף
Ϻ	Tz	TzaD	射出	射精	90	ץ
Ϙ	Q	QoUPh	猴子	有尾巴之猴、舌頭	100	ק
Ρ	R	RAeSh	頭、先、主	頭、懷孕、腹部	200	ר
Ш	S, Sh	ShiYN	牙齒	尖牙	300	ש
X	T, Th	TaV	符號、標誌	X符號	400	ת
		TAUM	雙胞胎			

古埃及文明消失與卡巴拉興起

時間一久，字母傳來傳去，在不同的文化裡有不同的宗教與政治思想，閃族人借用埃及人的群神權衡心靈儀式創造出字母的故事，也慢慢被一般人民遺忘了。同時，古埃及文化漸漸衰弱，被異族侵略、統治，乃至於完全消失。

經過希臘的亞歷山大帝國到羅馬凱撒帝國的統治，後來又受到基督教、回教等強烈的衝擊，終於消除了大部分古埃及人的經典與文明，最後只剩下外皮被剝掉的幾座金字塔，埋葬在沙漠裡的人面獅身，以及幾座廢墟的神廟。至於，古老的埃及知識，只有幾位閃族（猶太人）的學者保留下來。

在基督教與回教統治的時代，提出古埃及神話的想法是很危險的一件事。當時天主教教會不贊成人民識字，更別說談到埃及的邪教異端神話了。另一方面，猶太教也變得很保守，絕對不會接受希伯來文有腓尼基人與埃及人貢獻的說法，更不允許談到古埃及神祇竟然隱藏在他們的文化與宗教裡。在猶太人的基本溝通媒介，與《聖經》記載的核心裡，只有幾位猶太學者保留了這個古老的知識。

一些神祕學者把這個大祕密藏在神祕的猶太教符號「生命樹」裡。《聖經》記載，上帝創世時，伊甸園裡有兩棵樹，一棵是善惡知識之樹，如果吃了上面的果實，就知道什麼是好、不好，什麼是善、惡；另一棵是生命樹，《聖經》沒有說得很清楚。「生命樹」的說法就變成「卡巴拉」的開始。

卡巴拉是猶太人的密宗傳統，由一代一代老師用口傳的方法，把訊息傳下來。要公開說出卡巴拉的基礎是埃及神話，絕對是一項禁忌。因此，卡巴拉慢慢變成很複雜的玄學，產生各種宗派、各種說法。很多是研究《舊約聖經》的內容，例如陀拉（摩

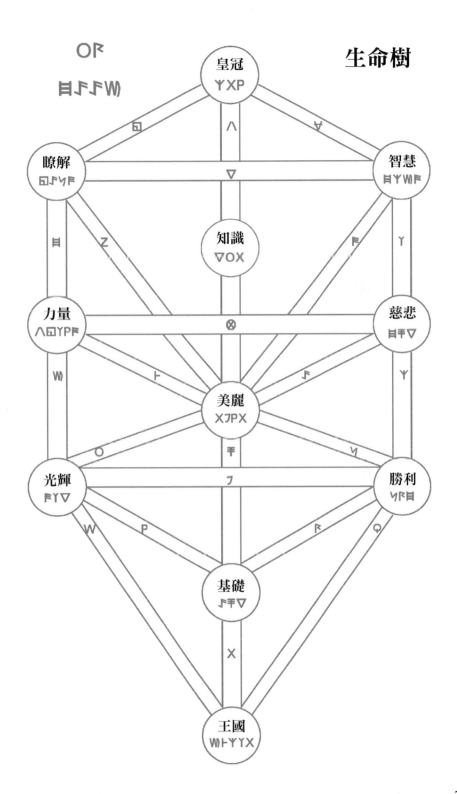

生命樹

西五書）、納比因（先知預言）、卡圖比因（寫作）等，以及象徵與神祕的意義。

卡巴拉的「特母拉」（Temurah，顛倒變換學）與「加碼術」（Gematria，拼字密碼學）也出現了。加碼術是由古希伯來字母所代表數字演變而來的，人們會把字眼的字母數值相加，相信同樣總數的字眼都會有奧祕的關係。

占卜傳統跟猶太人的先知哲人傳統有關，《舊約聖經》中許多先知哲人的高層意識，是可以不占卜而知未來。埃及的占卜傳統，則是可以幫助人們學會先知的意識狀態。猶太神祕學者把埃及的占卜傳統隱藏在生命樹的系統裡。

生命樹架構中的二十二條道路就是古希伯來字母，而這原先是古埃及心靈權衡審判場面的二十二位神。埃及群神，變成生命樹上的二十二個道路。神圖占卜板的十個方塊排列，變成生命樹上的十個「色飛羅」（數字），每一個色飛羅代表了一個人生的角色，從最高的心靈境界（皇冠），一直到豐富的物質文明（王國）。

雖然生命樹的構造，跟神圖棋盤的長方形結構有些改變的地方，但猶太神祕學者保存了經歷人生心靈成長道路的基本智慧觀念，並把它隱藏在字母系統裡。

紙牌遊戲

摧毀了古埃及文化的羅馬帝國，幾乎燒毀所有的古埃及書籍。大部分歐洲中古時代的人民，不但不認識字，而且政府與教會並不允許人民看書。因此古埃及人用紙莎草製造紙張的技術，也慢慢被遺忘了。

直到土耳其人在中國蒙古時代跟東方往來，學會了中國人的造紙和雕版印刷的科技，又傳回了埃及、北非洲，以及回教的西

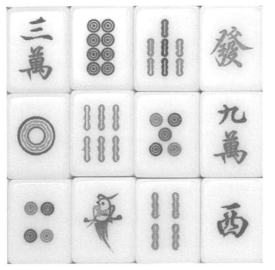

土耳其人將中國人發展的天
九骨牌、車馬炮、麻將等遊
戲，帶入中東。

班牙，基督教的西班牙，以及南法。義大利人也在中東接觸了造
紙的技術。

　　土耳其人也一併將中國人發展的天九骨牌、車馬炮、麻將等
遊戲，帶入中東。因為西方人不懂漢字，放棄了漢字符號。

　　土耳其人帶進來這些東方的紙牌遊戲，就是所謂「小牌」或
「數字紙牌」（pip cards）。

　　這些小牌是現代樸克牌的祖先。古埃及雖然也有類似小牌，
但尚未確定他們有小牌的組織或使用方法。

　　土耳其人不但會用紙牌玩遊戲，還會用它們來占卜命運。他
們把埃及的主牌與東方的小牌混在一起，給這些紙牌取了一個阿
拉伯與猶太文的名字「奈比」（Naibbe，意思是先知），也就是預
言牌。

　　地中海區域的歐洲人，在十四世紀看到這些紙牌，起初跟著
叫「奈比」，後來則叫做「塔羅其」或「塔羅克」。可能是因為在
埃及時受到「達類克」主牌的影響。

同時，南法國的卡撒宗派（Cathar）天主徒開始使用雕版印刷，製作了簡單的紙牌與海報印刷品。羅馬教皇還因此派了十字軍去毀滅他們。不過到了十四、十五世紀時，已經無法再阻止造紙與印刷的科技興起，黑暗時代也終於落幕了，於是，紙牌的發展有了新契機。

到了十五世紀，紙牌已經傳到西班牙、南法和義大利了。

七十八張牌的組合過程

一些卡巴拉神祕學者把二十二個生命樹道路的祕密象徵，做成了二十二張主要「祕義」紙牌，放到這套塔羅牌系統裡。因此，紙牌傳到歐洲時，古埃及的神圖棋盤神話已經隱藏在裡面了。歐洲的紙牌把基本的二十二張主牌，和源於東方的小牌混在一起。

阿拉伯人因宗教的關係忌諱人像，所以他們的紙牌上只有塔羅小牌與花紋的裝飾。歐洲人沒有這種忌諱，接受了卡巴拉的圖案，更套上了基督教信仰與象徵的內容與解釋。卡巴拉的玫瑰花象徵耶穌的大愛犧牲，百合花則象徵耶穌的大愛復活。

小牌的花色有的沒變，有的則改變了。中國的錢幣小牌，傳到歐洲沒有改變，還是錢幣花色。不過，有些小牌的花色就隨文化而改變了：中國的竹片變成了權杖；中國的萬字變成聖杯；埃及的真理羽毛先是變成中東的彎刀，然後又變成歐洲武士的寶劍。

最後，小牌的四個元素，就用四種容易記得的象徵來代表：錢幣（土）、權杖（火）、寶劍（風）、聖杯（水）。

古埃及把人的靈魂分成八種能量，透過四種元素、四種感知與八種靈魂能量，我們可以操作人生。到了歐洲中古時代，人生

觀改變了，宮廷牌才變成封建社會的人物。其實，古埃及人並沒有把靈魂區分成騎士與侍從，或是王子與公主，這都是歐洲人後來的想法。對埃及人來說，每一個部分都很重要，他們常常會把家中傭人的名字也刻在墓碑上，把他們當作家人一樣。

我們可以依據當初宮廷人物，來象徵現在的核心家庭組織等人際關係。

塔羅牌的演變隨時代而變化，例如，主牌開始被稱為「勝利牌」（Trionfi、Triumphs、Trumps），是遊戲中最強的牌。這是因為在羅馬帝國時代，政府常常舉辦凱旋遊行，用來宣揚羅馬軍事的強大與成就。後來，當羅馬成為基督教的中心，這些凱旋遊行也跟著變成宗教儀式。每一輛遊行花車代表一種德性，而德性可以代表一位天使的特質。上帝與祂的天使，相當於古埃及的阿民日神與祂的神群。這就是為什麼七十八張牌裡，主牌被稱為「勝利牌」，因為在遊戲中它們是最強的牌。

在黑死病的時代，死亡神變成死亡的主牌。像這樣配合時代的變化很多。

塔羅牌慢慢在整個歐洲流行起來，後來變成現代的樸克牌與塔羅牌，以及許多其他的紙牌遊戲。全世界有好幾百個版本的紙牌遊戲，風行各地。

上述歷史可以讓讀者瞭解古埃及神話如何變成塔羅牌二十二張主牌，而中古時代的中國、歐洲及中東文化的融化，又是如何影響小牌的發展、宮廷牌的出現，這些因素彼此融合，才演變成現代的塔羅牌。

第 4 章

牌義的說明與解讀

我依照對古埃及神圖的研究，設計了七十八張完整的古埃及神圖塔羅牌以及一副古埃及神圖棋盤。內容包含：

二十二張主牌：依序是：阿民日神（太陽）、蓋布神（世界）、活路神（戰車）、愛惜特女神（女教宗）、舒神（皇帝）、圖特神（教宗）、安普神（死亡）、胎兒期的活路神（倒吊人）、骰神（命運之輪）、特婦女特女神（力量）、本無鳥（隱士）、真理女神（正義）、保母女神（月亮）、星空女神（星星）、母特女神（皇后）、巫師神（魔術師）、尼伯西特女神（節制）、特牡神（高塔）、誇猴天闆（愚人）、產婆女神（審判）、阿迷特（魔鬼）、兔兔（戀人）。

十六張宮廷牌：以四位元素能力神代表宮廷牌的國王，以四位感知能力神代表宮廷牌的王后，以及八張脈輪牌來代表四位靈性騎士和四位靈性侍從。依序是：水王北方神、土王東方神、火王南方神、風王西方神；味覺壺神、觸覺薩神、視覺瑪阿神、聽覺斯哲牡神；名字、陰身、氣身、心靈、化學身、電身、肉身、陽身。

四十張小牌：古埃及神圖塔羅的小牌，使用四十個古埃及人特別喜歡的神祕護身符。小牌是由四種元素組成，每種元素各十張，我設計了各元素有其象徵符號及花色種類的護身符，共四十個。古埃及人經常使用這些護身符，隨身攜帶，或把它們放在木乃伊上。

古埃及神圖占卜棋盤：共有三十格，是以主牌的二十二位神祇，以及宮廷牌的四位元素能力神與四位感知能力神，排成三排神祇。

小牌花色象徵符號的意義

（蓮花）代表塔羅牌的聖杯，屬於水元素。它在心靈中代表情緒。蓮花是古埃及南部的象徵。尼羅河的淡水都是從南埃及來的。

（火鑽）代表塔羅牌的權杖，屬於火元素。這是心靈中的注意力。火鑽是著火的棍棒，力量透過行動會帶來活力、生產力、進步與成長。

（城市）這個標誌等於塔羅牌的錢幣花色，屬於土元素。它在心靈中代表價值。通常在十字路口來往的人潮比較多，是適合做生意的好地點，吸引錢財聚集。

（羽毛）代表塔羅牌的寶劍，屬於風元素。這是心靈中的意志力。鳥代表靈魂。鳥能在空中翱翔，是憑藉著羽毛。透過意志力，我們可以達到目標。

　　讀者可以單獨使用二十二張古埃及神圖塔羅牌主牌來占卜，或加入宮廷牌，以及小牌，依照不同牌陣來解牌。另一個占卜方法，則是用塔羅牌卡搭配古埃及神圖棋盤，做更深入的心靈占卜。

塔羅牌的主牌排列順序

　　雖然把愚人、魔術師或其他主牌放在第一張主牌，也有它的道理，不過在介紹古埃及神圖塔羅主牌時，我們要遵守古希伯來字母的傳統順序，與古埃及文化傳統。古埃及《開悟經》的開篇就是：「崇拜日」（Dua Ra）！從這個觀點來說，塔羅牌的第一張主牌應該是太陽牌。塔羅牌的太陽就是古埃及的太陽神。

　　二十二張塔羅主牌也依據古埃及神祇對應的古希伯來字母，依照古希伯來字母 ∀ 、⊡、∧……Ⅹ的順序而排列。

古埃及象形文的唸法與閱讀方向

　　古埃及人不寫出母音，只寫子音，為了方便，通常是在每一個子音後面加上母音e，有少數幾個子音後面有a的聲音。學者並不確定標準的發音，所有唸法都是大概的猜測。還有幾個發音，在中文和英文裡都沒有出現，則使用@的符號。

　　斜體與正體的發音，並沒有特殊大的差別。*a*是喉塞音，a是較輕的喉塞音：有人認為是接近y的聲音，不過因為 \\\\ 已經是y的聲音，所以a大概比y輕，而聲音像「短」的a，或「短」的i。

　　@是一個喉擦音，從橫膈膜啟動。h是喉部送氣音，*h*比h輕一點。kh是舌根擦音。th可能與英文的thick發音類似。q是聲門塞音。

　　其餘發音都跟英文差不多。

　　另外，古埃及象形文可以橫向書寫，由右至左，或由左至右。也可以垂直書寫，當圖像朝左時，由左至右，而圖像朝右時，則是從右至左。可以參考神圖占卜棋盤第二排神群的風王、水王，與土王、水王的象形文字。

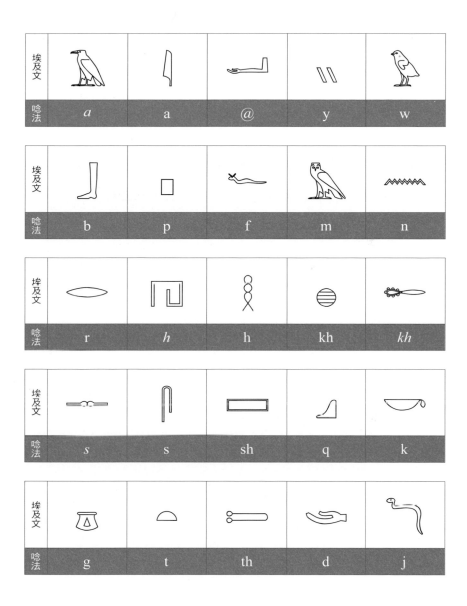

埃及文					
唸法	*a*	a	@	y	w
唸法	b	p	f	m	n
唸法	r	*h*	h	kh	*kh*
唸法	*s*	s	sh	q	k
唸法	g	t	th	d	j

22張主牌
牌義說明與解讀

每張主牌會依序介紹：這張牌的塔羅名稱；代表的古埃及神祇、古埃及象形字、唸法與字義；牌卡圖形中重要圖騰的意義和象徵；這張牌的主要牌義和說明；這位古埃及神祇的故事與象徵；這位神祇對應的古希伯來字母、英文字母；對應的人體器官、星象和偉特牌。最後，還會附上一則占卜舉例，說明當占卜抽到這張牌時，可能的解釋方式。舉例可供讀者參考，但解牌還是需要回到古埃及神話的源頭。

次頁：說明文字、占卜舉例等

塔羅名稱

神祇對應的
古希伯來字母

主牌名

太陽
Sun

古希伯來字母

古埃及神祇

阿民日神

古埃及象形
字、唸法與
字義

古埃及象形字	（古埃及象形字圖案）
唸　法	Amen R@
字　義	隱形太陽（高我）意志神在雙地平線（瑜伽三昧地）

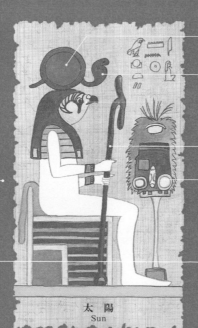

隱形的太陽

昧很蛇

鷹頭象徵太陽

神的權杖代表至高修行
開悟的能量

給神的供品

牌卡圖形中
重要圖騰和
意義象徵

太　陽
Sun

主要牌義

牌義

創造力、生命源頭、展現發
揮出來、本性真我、做自己
喜歡的事、熱情、很有生命
力及活力

太陽
Sun

阿民日神

古埃及象形字	
唸　法	Amen R@
字　義	隱形太陽（高我）意志神在雙地平線（瑜伽三昧地）

隱形的太陽

昧很蛇

鷹頭象徵太陽

神的權杖代表至高修行
開悟的能量

給神的供品

太　陽
Sun

牌義

創造力、生命源頭、展現發
揮出來、本性真我、做自己
喜歡的事、熱情、很有生命
力及活力

這張主牌代表創造源頭。它提示你要記住：你有無限潛在的創造力，要讓它展現發揮出來。你真的想要創造什麼嗎？大膽的把它放在議程上，並且實現它，因為你就是無限的生命源頭。但請記住：源頭也要對他的創造負責。認同最高的本性，是為了達成最完整的結果。

太陽從來沒有想要任何回報，它只會無私無限的給出光，照亮整個大地。大地接受太陽的照射，而有了生命，豐饒富足。生命就要如同太陽一樣，完完全全的活出自己的光亮與熱情。請你要用創造力的方式，完完全全的活在自己的源頭裡，發揮本性真我。

古埃及神祇：阿民日神

阿民日活路阿虎帝神是埃及的太陽神。拉阿（Ra）是古埃及傳統文化中最偉大的神，在《開悟經》裡，祂總是排在第一位。祂代表超然的生命創造源頭一切萬物的起始。

阿民日神是萬物的創造源頭，祂創出群神，以及每位神的多種身分，以此來呈現心靈修行與物質世界及身體結構的連結。各位神祇之間的關係，交織著人類原型的互動，可以當成一種引喻，來看神的不同身分關係及特質。

象徵：老鷹、公牛頭、太陽、創造力、本體、可能性、生命源頭

太陽日神像的頭常常以老鷹頭的形狀顯示。如果是人身鷹頭神上有太陽，是指宇宙開創者「老活路神」； （活路、Heru）是天空，也是臉蛋的意思。

太陽神頭頂上，除了太陽輪之外，常常有一條眼鏡蛇，代表夜裡隱形的太陽，這條眼鏡蛇神叫做「昧很」（Mehen），是創造的邊界或限制。

　　太陽神的另一個形狀是民神：🏺（阿民，Amen）是一切有生命、無生命創造物的創造源頭，這是純粹末下定義的覺悟性能量，攜帶著無限生命黎明日出的可能性。以宇宙來說，就是宇宙尚未大爆炸之前的隱形潛在狀態。民神這位生命源頭，代表了宇宙的無限生育和繁殖能力的「原始法老王」。

　　在全世界各主要文化裡，都有民神的印記在裡面，英文的man、woman、mind、meaning、monument 等字都源於此。

古希伯來字母：∀　英文字母：A

　　古希伯來字母系統的第一個字母是∀，名稱叫做 ALePh，是公牛的意思。在古埃及人的想法裡，牛是人類豢養的最有價值的大型動物，是獻給太陽神最好的供品。牛頭有代表太陽的意思，牛頭上的角則是光線的象徵。太陽就像是在天上發出光線的牛頭。

　　以古埃及文的想法為基礎，∀ 這個古希伯來字母是牛頭的象形字，唸作「阿日父」。開頭的「阿」音，也是象徵太陽的意思。後來演變成希臘文與英文的 A。這個名字與發音，同時也紀念古埃及的阿民日神阿民特土（Amentet）公牛，阿匹斯（Apis）公牛神，或阿天（Aten，意思是太陽輪在天上飛）。

　　古埃及文的 🏺（Amen）是指隱形者被隱藏的東西，是宇宙尚未創造之前的潛在創造力。在古希伯來文裡，Amen 的意思是「希望就這樣創造出來」，就像太陽的生命創造力一樣，強大的創造出來。現在經常聽到基督徒的禱告結束詞「阿門」，就是由此而來。

器官：腦

古埃及文的 （Heru）本意是頭或臉孔，同時是不定詞的符號，也有白天和上天的意思。你的腦可以輕易的想起創造性的念頭，但你看不到你的腦，你只能活生生的成為它的創造物。所以，在你的身體中，太陽是指你的腦。

星象：太陽

在星象上，太陽神與太陽主牌當然指的是太陽。太陽是我們太陽系的主宰。

對應的偉特牌：太陽

偉特的太陽牌上，有個小男孩騎在馬背上，這個小孩就是埃及小活路神，馬是指中腦的海馬迴。有些版本的太陽牌，則是畫出伊甸園裡的亞當與夏娃。

占卜舉例

Q 如何找到一份好工作？

A 工作是為了發揮出生命力及活力，你要去找一份能激發你的創造力，以及符合你的興趣的工作。不然，你從事的工作，就可能只是為了錢、地位或名利而做，這樣的工作並不是「好」工作。

世界
World

蓋布神

古埃及象形字	
唸　法	Geb
字　義	世界神

— 土地神的瑜伽扭身體位

— 蓋布神躺著展現自己，
這個姿勢象徵地心引力

— 神的權杖代表至高修行
開悟的能量

— 地神坐在祂的寶座上

世界
World

牌義

家、房子、豐富、圓滿、土
地、物質世界、引力

你要清楚認識自己的自我形象：你是誰？你住在什麼樣的房子裡？你的心靈住在什麼樣的身體裡？你如何與所處的環境互動？

如果世界正意味著你自己，那麼，你已完全掌握它嗎？

你自己就是一個世界的縮影。當你降臨在這個世界時，你完全集結了所有的能量及可能性，將自己創造了出來，以符合世界的型態成就了你自己。是你創出豐富圓滿來完成了你的世界。

古埃及神祇：蓋布神

埃及文 ＿＿＿（蓋布，Geb）是指世界。我們的地球代表物質世界。蓋布神常常在天空下躺著展現自己，這種姿勢象徵著世界的引力。蓋布的姿勢也暗示祂的生活很有限制，不過在這個情況下，祂還可以鍛鍊自己。

蓋布神身體的扭轉，代表許多瑜伽的體位變形練習：Dandasana、Baddha Konasana、Ardha Matsyendrasana、Marichyasana、Supta Jathara Parivartanasana、Halasana，甚至Kapotasana等體位，都可以屬於蓋布的「功夫」。

有時候，蓋布神與女特女神在一起，中間會出現皇帝舒神（空氣）。舒神好像要把蓋布和女特這兩位神祇分開，結果是保護地球，讓它成為一個好的生態。

象徵：**房子、家、物質**

　　蓋布是指我們的物質世界。物質世界是我們的家，世界很豐沛富饒，所以我們能夠存活在這個地球上，真是幸福，也是一項奇蹟。

　　蓋布的戀人，是他的妹妹，星空女神女特 。女特的身體成弓形，在蓋布的上面（如右圖），也就是那晚上鋪滿了銀河星群的天空。祂們的父親舒神不允許祂們成婚，所以中間放了一層氣，要把祂們分開。結果不但沒有用，反而變成了滋養的養分，產生地球豐富的生態。從天與地誕生了古埃及文明與他們的主要神祇。

蓋布在下，女特在上

古希伯來字母：**日，簡寫為 ℮　英文字母：B**

　　蓋布的古希伯來字母是**日**，名稱叫做 BeYT，意思是房子。如果世界是我們的大房子，我們就像游牧民族帶著帳篷一樣，到處在地球上旅居。我們的個體就像是一個世界，那麼帳篷就像是我們的皮膚。在古埃及文裡，BeYT 這個字也是大房子、大庭神廟或宮殿。

器官：**皮膚**

　　我們住在地球的外皮上，我們身體的外層是皮膚，蓋布是我們接觸到世界的那一層皮膚。

星象：地球

在星象上，蓋布指的是我們所居住的地球。

對應的偉特牌：蓋亞

希臘人把男性的蓋布，改成女性的蓋亞（Gaia）。因此，後來大多的塔羅牌，將世界牌畫成女性的世界神。

但如果你把蓋婭轉動九十度，從側面看來，會發現她的奇特跳舞姿勢，就是蓋布躺在地上的樣子。蓋婭的姿勢也是古埃及「跳舞」的象形文字。

古埃及象形文字：跳舞

在偉特牌裡，世界牌四個角落的天使，分別代表金牛、獅子、天蠍（老鷹）與水瓶座，也就是春、夏、秋、冬四季，或是土、火、風、水四個元素。

占卜舉例

Q 對於我現在正在進行的一項計畫，有什麼建議？

A 蓋布這張牌，正是提醒你在執行這項計畫時，要掌握所有的資訊，完整的呈現出來。

戰車
Chariot

活路神

古埃及象形字	
唸法	Heru
字義	偉大意志神

皇冠意指統一南埃及和北埃及

戰車

鷹頭象徵太陽

神的權杖代表至高修行開悟的能量

戰　車
Chariot

牌義

意志力、挑戰、勇氣、保護、保衛、胸襟

你現在有什麼志願想要實現？你可以採取什麼行動來執行它？如何避免可能會發生的障礙或困難？

戰車可以幫助你心想事成，並且快速帶領你達成目標。

你是一位前線的戰士，充滿意志力的勇氣，為了保衛領土而勇往直前。去經驗你必須面對的，這是一個真正英雄必須做的事。

古埃及神祇：活路神

（活路，Heru）這位神祇一般譯為「荷魯斯」，祂是「小」活路神，不是「老」活路神。「老」活路阿虎帝（Heru Akhuty）是隱形源頭「阿民日」，「小活路」則是老活路阿虎帝的兒子，祂也是巫師神的第二個兒子。巫師神的第一個兒子是 ЛЛ（巴巴）。巴巴是個愛修行打坐的怪人，就像印度的濕婆神一樣，祂習慣穿著虎皮或豹皮，隱居在山洞裡。第二個兒子小活路神則是一名愛爭鬥的武士。祂們的叔叔塞特殺了祂們的父親巫師神，小活路神很想要為父親報仇。

象徵：駱駝峰、沙漠中的戰車、意志力

小活路代表意志力，祂的戰車象徵我們的身體。唯有透過身體，意志力才能達到目標。意志力是源頭覺識的一切選擇中之一。意志力的特質，是它可以做出選擇，以界定那無定義的無邊覺悟性。我們可以選擇去經驗開發心靈的成長潛力，從一切可能性中，產生了自我認同與個性。

諷刺的是，小活路很矛盾。因為一切無限可能性的無定義覺悟的本性，一旦被界定後，它的可能性立刻縮小，造成了老活路

與小活路的分別。變成比無限覺悟小的結果，就是一定不會給予充分的滿足。

因此，意志力很容易開始對自己之前創造出的現象，感到不滿意；到最後，甚至可能會跟自己的投射打起架來。

在這個鬥爭裡，他還是很需要母愛的包容，不過他的外表是強壯、外向、衝動、採取行動的武士，他會保護，也會爭取。他是塔羅主牌裡戰車牌的精神。

古希伯來字母：∧ 英文字母：C、G

小活路的古希伯來字母是 ∧ 名稱叫做 GiMeL，是駱駝的象徵。這個字母，只有簡單的畫出駱駝峰。游牧民族騎乘駱駝，以克服沙漠的熱沙。埃及人在沙漠的邊界，設立了堡壘，用來防止外族的侵略。駝峰中儲存的水分，讓駱駝能夠穿越乾燥的荒漠。

這個字母除了象徵駝峰之外，也象徵著母親的乳房。

器官：胸部、乳房

小活路神的戰車，就像是中午熱烈的太陽意志，它是帶領我們到任何地方的前鋒。想要有所成就的人，一定要有那份熱烈的欲望，就像初生的嬰兒有著吸奶的強烈欲望。如果母親不讓嬰兒喝奶，小寶貝就會鬧得天翻地覆。這股強烈的欲望，帶領著意志力的前進。

意志力的小活路神，可以用來引喻乳房、胸部。但這又有諷刺的意味，原來，戰車強硬的盔甲裡，竟是軟弱的乳房。一般來說，乳房已經縮小的男人，更渴望那份母愛般的女性乳房的安慰。

星象：巨蟹座

小活路神的星座是巨蟹。雖然外面穿著裝甲，手執武器，但裡面還是柔弱的；他的主要目標是保護家鄉。

小活路也常常被繪成老鷹頭。老活路（太陽神）也是鷹頭，但兩者的頭頂上有不同的圖騰。小活路喜歡像玩滑翔機般盤旋在中午上升的熱氣流中，象徵著日正當中的太陽壯志。但真正的英雄其實並不愛戰爭，他所做的一切是為了愛家人、保護家人，以及過著和平安詳的生活。

對應的偉特牌：戰車

占埃及文的戰車叫 m' arkabta-t。這可能是從希伯來文借來的字 Mer-ka-bah。在神祕學裡，它變成神的戰車，可以隨意旅遊造化。它在埃及文裡的神祕雙關意義是 mer-ka-ba，mer 的意思是愛，ka 是指生命電磁能源，ba 指呼吸（念頭）。在偉特塔羅牌中，戰車牌的車子是「愛」（mer），拉車的人面獅身（或馬身）則是「卡」與「巴」，車子上的星星和阿天標誌告訴我們，這部神車可以幫助你心想事成，立即帶領你達到目標。

占卜舉例

Q 我正在應徵一份新工作，獲取了面試的機會，想問去這間新公司的面試情況會如何？

A 你可能面對的是一項挑戰。對你來說，你有意願去面對這場挑戰。只要勇於面對挑戰，就會得到錄取的機會。

女教宗
High Priestess

愛惜特女神

古埃及象形字	
唸　法	Aset
字　義	寶座女神

頭上寶座的皇冠圖騰，
代表她的名字

生命之鑰

豹子的皮象徵她的兒子（巴巴），
巴巴是傳統瑜伽、譚崔神，也代
表原始書寫與文字

女 教 宗
High Priestess

牌義

門戶、寶座、使命、神祕、祕
密、隱藏

相信你的直覺，它會顯示你生命的祕密使命，然後打開實現使命的機會、門戶。

如果你的人生不是為了工作、賺錢、養家、生養孩子，那麼你到這世界來，是要有什麼作為呢？每個人都擁有自己的天賦，只是被我們自己深深的埋藏起來了。如果沒有好好仔細去探查，就不容易發掘出來，甚至隨著死亡，進到墳墓裡。你自己的使命是如此神祕，這就是你人生最大的祕密。

女教宗很了解自己的使命。她顧守著神聖的殿堂之門，裡面有著珍貴的神祕事物。就像我們顧守著自己的天賦一樣。把祕密弄清楚，才是神聖執行者的任務。

古埃及神祇：愛惜特女神

一般譯作愛希斯。她是巫師神的妹妹，也是祂的妻子。愛惜特女神頭上的象徵性皇冠，是她的名字「愛惜」（ass），也是寶座的意思。

象徵：門戶、寶座、金字塔、三角形、使命

在埃及文裡，⏌（Aset）這個名字，前面的「愛惜」（ass）是寶座的意思，後面的 -t（或希臘文的 s）則是代表女性。在愛惜特女神像的頭上，常常戴著象徵寶座的象形文，而在塔羅主牌中，她則是坐在寶座上，看守所羅門王大神廟門口的女教宗。

在古埃及時，愛惜特的三角形符號 △ 象徵著天狼星。當天狼星上升時，尼羅河會漲潮，以及定期氾濫，為埃及的農田帶來肥沃的黑土壤，一直到埃及的三角洲。

在古埃及時，「愛惜特」象徵埃及最肥沃的地區：尼羅河的三角洲。那是巫師神跟愛惜特女神做愛的高潮，象徵尼羅河水帶來的黑土（精子）與水，可以讓農田肥沃，使農夫播種耕田。

古埃及人建立金字塔都象徵愛惜特女神，而在金字塔裡面的木乃伊則代表她的丈夫巫師神，也象徵巫師神的陽具變成「高潮神」，永生在愛惜特女神的陰部裡，永遠活在愛惜特女神的高潮中。在古埃及神圖塔羅牌中，女教宗愛惜特女神坐在寶座上，大腿與陰部上有豹皮，這顯示她懷念她第一個兒子：神祕的修行者﹌﹌（巴巴）。豹皮上面的紋理，即象徵原始文字的發明，這是文明大神廟的絕大機密！通常歐式塔羅牌的女教宗都會拿一本經典，也是從此而來。

古希伯來字母：▽△　英文字母：D

愛惜特的古希伯來字母是一個三角形△，名稱叫做DaLeT，意思是門。但它指的不是一般房屋的大門，而是女人身體的門戶。「生命之門」是陰戶，這是通往生命最主要神廟「子宮」的重要門戶。

器官：女人的陰部、屁股

古埃及文﹌（ass）有屁股的意思，英文字母的sit、seat等字也是同一個來源。這張牌特別指出女人的神祕陰部與屁股。但愛惜特的真正祕密寶座是腦下垂體，她的哥哥及戀人巫師神是松果體（慧眼），她的妹妹尼伯西特女神是海底輪的亢達里尼能量。當巫師神被祂的弟弟塞特殺了以後，尼伯西特女神就來幫助愛惜特女神，讓巫師神得以復活。

星象：處女座

除了與天狼星有關之外，年輕的愛惜特女神也代表處女座。處女既美麗又性感，男人特別注意美女的陰部與屁股，是因為他知道那是偉大生命神廟子宮的門口，男人想穿越那門檻，進入神

廟。神廟裡面是人生快樂的祕密。不過，女教宗小心翼翼的守護這道門，不隨便讓男人進去。

對應的偉特牌：女教宗

很多歐洲塔羅主牌的女教宗，背後經常掛的簾幕是代表處女膜。在古埃及神圖塔羅牌中，愛惜特女神左手拿著生命之鑰♀（安可），右手拿著豹子皮，這象徵她的處女膜，也紀念她的第一個兒子巴巴。愛惜特女神兩旁的神廟大柱是處女的玉腿，也是她兒子巴巴的埃及文名字 ╎╎。

《聖經‧列王記》7：13— 22提到為所羅門王建立大神廟的工程師「戶蘭」。戶蘭就是赫密士的化身，也就是教宗圖特神。神廟門口的右邊柱子稱為「耶肯」。神的名字耶和華簡寫為「耶」（ 𝆑 ）。左邊柱子稱為「波阿斯」，意思是「在能量中」，簡寫是 ☐ 。這兩根大柱子，簡寫為 𝆑☐ 或 ☐𝆑 。

𝆑☐ 在埃及文裡是「心」，☐𝆑 在古希伯來文裡則是「在我裡面」；☐ 也是「陀拉」（摩西五書）的第一個字眼開頭。𝆑 是「陀拉」最後一個字眼「以色列」的開頭。合起來的含義是：「在以色列裡面」或「在陀拉裡面」的簡寫。

傳統歐洲塔羅牌裡的女教宗，手中握著陀拉經文的書卷，放在她的腹部前，引喻肚子裡面很有文章，也是指肚子裡藏有許多重要的祕密。

占卜舉例

Q 我適合往哪種職務發展？

A 你是一位掌管重要及隱密事務的人，就像女教宗一樣看守整座神聖殿堂的大門，可以主掌某個部門分公司或任職於某個重要職位。

皇帝
Emperor

Ϝ

舒神

古埃及 象形字	
唸　法	Shewa
字　義	空、空氣、氣、上升、真理

羽毛象徵氣、呼吸、智慧、生命、往上提升、空

生命之鑰

皇 帝
Emperor

牌義

老闆、全面掌握、負責、主宰、成為自己的主人

　　你要對你生活的各方面全面負起責任，扛起責任來。皇帝兩
手持有兩個生命之鑰，非常有權力及能量，掌管全國的事物，意
指：你必須全面掌握所有人生事件。

　　真正的皇帝是對自己非常有把握自信，很清楚自己的方向，
懂得管理自己，讓自己常常處於最佳狀態。他是自己最佳的領航
員，常常處於自己的源頭裡。能管理好一個國家或一間公司或部
門的主管，必須是一個能把自己掌握好的人。

古埃及神祇：舒神

　　 （舒，Shewa）是空的意思。特牡神（高塔）代表創造的
過程，舒神（皇帝）代表創造的結果。從過程到結果都是空的，
只是一些氣。那只是有很多氫氣噴到太空中，變成了宇宙的原
始氣體。直到現在，宇宙大部分的物質仍是氫。後來，舒神變
成地球的大氣層。既然祂（大氣層）把地球與天空分開了，祂也
是大神與地神的父親。

　　古埃及文的 （Shewa）也有「輕」與「乾」的意義。皇帝常
常高坐在乾淨、光亮、山區、空氣特別好的環境裡。舒神有時候
代表日出時空氣最清爽的時候。宇宙的開始，只有在太空漂浮的
氣體。舒神也代表宇宙的開始。

◆象徵：連枷、農業、收穫、皇帝的權杖

　　古埃及文裡 「羊」代表「巴」靈魂（呼吸），象徵空氣、
呼吸。 （舒神）的符號是頭上戴著一根羽毛 。羽毛是鳥飛翔
的工具。雖然我們看不見空氣，可是鳥兒在空中飛翔，讓我們知
道空氣的存在。

一切生命體都仰賴空氣來維持它的生命，一切物質都是由氫的那顆質子造成的，植物與動物全靠呼吸來生活。我們可以暫時斷食，但過了幾分鐘不呼吸，人就會死。

舒神是塔羅牌的皇帝，祂掌握生命。舒神與一般塔羅的皇帝牌一樣，經常手持一個或兩個♀（安可）護身符權杖。舒神的頭上戴羽毛，這是空氣與巴靈魂（呼吸）的象徵，也提醒我們，祂跟真理女神（正義）有很密切的關係。缺乏正義的國君、老闆或家長，很容易就變成了暴君。

古希伯來字母：ᚠ 英文字母：E

舒神的古希伯來字母是ᚠ，名稱叫做 HAy，從古埃及文⚒（@ga）演變而來，那是農民的連枷工具的象形文字，代表生命的收穫。舒神呼吸新鮮空氣，終於會產生收穫。舒神的♀權杖是生命的鑰匙，透過呼吸，讓生命能量在身體中流通。在古埃及的圖騰中，埃及法老王都會拿著這個權杖。

器官：肺部、呼吸系統

舒神掌握死與生的關鍵：呼吸系統。舒神的♀是生命的鑰匙。在古埃及藝術中，常可看到神使用♀去點化法老王的鼻子，讓他恢復生命呼吸。

這提醒我們要開始掌握自己的生活，最簡單的方法，就是刻意的呼吸。現在多數人的呼吸都是完全自動化的，由自律神經系統自動調整。其實，人能刻意呼吸，是真正掌握生命能量的重要鑰匙。剛開始練習刻意的呼吸，只要專注於空氣的進出即可。

氣功是歷史悠久的科技研究與應用，起先要讓身體的能量與環境平衡的循環。平衡的呼吸會引發平衡的思想。我們的生態需要輕鬆健康的呼吸，也要充滿活力的呼吸。

星象：木星

舒神的行星是木星。木的元素是生命的象徵。木星是太陽系裡最大的行星，也是氣體行星。它是宙斯神在天上的家。在希臘羅馬神話中，宙斯是眾神之王。

對應的偉特牌：皇帝

舒神原本兩手各持一個 ☥ 權杖，到了偉特牌時，一個權杖變得細長，另一個變成圓球，上面有十字架。這代表愛世界的精神，也是掌握世界的意思。

有些歐洲塔羅牌的皇帝牌，寶座上有羊頭，一般人誤以為皇帝是牡羊座。其實皇帝是宙斯的木星。不過，皇帝常常是最高法官，也負責決定國家大事，因此也有一些牡羊座的決斷精神。

在古埃及文，「羊」代表「巴」靈魂（呼吸）。

占卜舉例

Q 要怎麼做才能維持健康？

A 採取主動的態度，注意自己該朝哪方面改善，無論在作息時間、心理層面或飲食方面，看看你是否常常忘記自己該處在何種角度及方向。讓自己成為身體的主人，喚醒對身體的意識，主宰自己身心靈的方向，專注於修行。

教宗
High Priest

圖特神（哲壼帝）

古埃及 象形字	
唸　法	Tekhy, Jehuty
字　義	鉛、低、醉、慶祝、天枰的鉛球、宜必思鳥

紙沙草紙、筆

宜必思的鳥頭代表紙、筆的象徵
圖騰；鳥嘴象徵新月

教宗的頭飾

宜必思朱鷺鳥是圖特神的象徵

教宗
High Priest

牌義

溝通、傳統、教育、老師、媒
介、管道、傳遞

　　教育培養腦的思考模式，能帶我們到更文明更開悟的生活方式，有人掌握了一門學術後會變成老師，然後傳遞資訊給下一代的年輕人，這是圖特神的人生服務精神。

　　古埃及的圖特神是文字的創造神，透過與神靈的溝通，祂將文字書寫在紙莎草或刻印在石碑上，然後傳遞下去。透過心靈的修行與淨化，你懂得與自己溝通，讓自己成為一個管道，然後你才能開始為別人服務，成為別人的管道，並且將世界的訊息傳播出去。

古埃及神祇：圖特神（哲壺帝）

　　圖特神又名 🖐（哲壺帝，Jehuty），祂的名字的來源是「德奇」（Tekhy），那是生命天秤的鉛球秤錘，也是其圖騰朱鷺鳥 🦩 的雙關語「科技」（Technology）。

　　在古埃及神圖塔羅主牌中，圖特神是教宗。祂在心靈權衡的審判過程中，很仔細的把權衡的結果記錄下來，向巫師神報告。圖特神真正的使命，是要鼓勵人民回到源頭。以心靈權衡儀式為主的神圖占卜棋盤裡，第三排的圖特神就在第一排阿民日神的正下方。圖特神也靠近祂的親密伴侶真理女神，以及好朋友安普神。圖特神的位置，也可以從右下方，支持著巫師神。

象徵：牧羊人的曲柄枴杖、法老王的權杖、教育、傳統、溝通

　　在古埃及圖特牌的圖騰中，祂拿著筆和紙莎草紙，寫出所有的真理──這也是正義真理女神的真相含義。教宗拿著筆，用手印往上指著太陽神的方向，意思是祂直接與神靈的源頭溝通。

　　圖特神是理性的象徵。祂懂得分析，是教育界的領袖。祂領導人們的成長過程，也發明很多科技方法，讓我們的心靈成長與進化更為方便快速。但也提醒我們，要與自己、與別人溝通。不

要忘記世界是一個整體，雖然理性帶來方便，但真理才是整體，整個過程要符合真理。

古希伯來字母：⼁ 英文字母：V

圖特的古希伯來字母是 ⼁，名稱叫做 VaV，是牧羊人的手杖，也是鉤子或釘子，可以連結掛上或溝通。這個字母的叉子形狀，既像柺杖，也像簡單的樹枝，或是暗示神經的分叉結構。

教宗所拿的權杖，形狀就像牧羊人的 ⼁ 曲柄柺杖。而皇帝所拿的權杖，則是農民的連枷 ⼁。古埃及的法老王是皇帝兼最高教宗，他負責掌握全國的經濟及心靈生活，因此古埃及的法老王一手持連枷，另一手拿著牧羊曲柄柺杖。

每一位神其實和圖特都有連結，或者可說是圖特的化身，就像神經系統會把全身的器官都連結起來一樣。每一個字母也代表一位神，所有字母都在民神的神圖占卜棋盤上，圖特把這連結變成一個整體的占卜。

器官：神經系統

神經系統提供服務，把訊息從各個器官與感官，經過脊椎神經，傳遞到大腦，也把大腦的指令傳送到各器官與肌肉。大腦是神經系統的最大節點，它是太陽日神的在人體體內的代表。圖特神讓全身的各部分都變成一個整體。神經系統有很多經絡與穴位，有的非常隱密，就像圖特神手上的紙條畫了一個紅點，代表一個很特別隱密的穴位。

星象：金牛座

圖特神的星座是金牛座。古埃及在金牛時代發揮了管理技術。金牛座的符號很像古希伯來文的牛頭符號，代表頭腦智慧的

重要性。圖特神帶來書寫技術，書寫讓法老王的政府能與全民溝通聯絡。圖特神幫助人民與太陽神（高我）溝通，就像在人體中神經系統幫助全身的器官與大腦溝通聯絡。

對應的偉特牌：教宗

傳統塔羅的教宗牌有兩根大柱子，代表腿的意思。這是指圖特的主要密宗門徒　　（巴巴），提醒我們祂傳遞著密宗的訊息，也要我們特別注意身體的下半部。我們需要把牌顛倒來看，才能進一步了解它。歐洲的教宗牌用劍指手印，表面上是在祝福人民，也提醒他們記住上帝與修養心靈的重要性。但在古埃及神話裡，這暗示小活路與巴巴用兩根指頭，幫助祂們的父親巫師神爬上天堂與神群會合。這是密宗的特別手印。

古埃及塔羅牌圖特神拿筆時，也用另外一個類似的手印。一般塔羅牌的教宗或梵蒂岡的教宗，常使用古埃及的手印，如「卡」姿勢或把兩根指頭伸出來。這些手印都是在引喻處理我們的神經系統。

偉特牌教宗戴著一頂鑲嵌許多寶石的三層高帽，代表人體裡神經最敏感的部位。牌下面的交叉鑰匙，代表腦根中的神經交錯傳訊到大腦的兩個半球。在古埃及神圖塔羅牌中，把圖特神的高帽子戴在小朱鷺鳥的頭上，圖特神也常常會戴這頂帽子。在《阿尼紙莎草書卷》裡，那隻小朱鷺鳥真的出現了，剛好也是在圖特前面的那個位置。這頂怪帽子也有圓圈裝飾，代表著穴位。

占卜舉例

Q 想了解自己這一生的使命？

A 你很適合當一個教育家，將這世界的良善訊息教導給大家。

死亡
Death

安普神

古埃及象形字			
唸　法	Anepew		
字　義	腐臭、用布條包裹木乃伊、男孩、死亡神		

鉛球的心臟

胡狼頭代表死亡神的動物圖騰

死　亡
Death

牌義

一段關係或事件的結束、新的開始、重生

　　抽到這張主牌，不是說你馬上要死了，它指示一個自然的變化，這種轉變常常意指某一種經驗或某一份關係將會結束。

　　在我們的肉體中，骨頭代表你生命的架子。事情結束後，剩下來的是什麼？當你選擇來到這世界時，你已經選擇了必須面對死亡。死亡促使我們把握人生，規劃我們的生命要如何過。死亡，讓我們一直帶著希望，要讓事情更美好。如果沒有死亡當終點，人生一直掛在那裡，會沒有目標，也沒有收穫。

古埃及神祇：安普神

　　（安普，Anepew）這位神祇，一般譯作阿努比斯（Anubis）。安普是死亡神。祂是圖特神的好朋友之一，安普神會保護死者的屍體，幫忙準備要埋葬的木乃伊。在古埃及的文化中，祂是一位黑狗頭人身，或是胡狼頭人身的神。

象徵：刀子或武器

　　安普神的主要任務是要執行權衡死者的心，圖特神會站在旁邊記錄安普神的測驗結果。安普神用手指細心調整秤錘的準確，可是誇猴天闢（愚人）常常會從天秤上面干擾安普神的測試過程。

古希伯來字母：Z　英文字母：Z，軟的 G

　　死亡神的古希伯來文字母是 Z，名稱叫做 ZaYN，是武器刀子或長柄鐮刀的象形文。請注意安普神的姿勢，祂的骨骼形成了 Z 的樣子。

器官：骨骼

　　古埃及人不喜歡畫出骨頭，常常以天秤來代替人骨。如果你仔細觀察古埃及壁畫或書籍，會發現天秤常常出現在安普神旁邊，好讓我們知道天秤與骨頭的關連性。

　　權衡心靈的目標，除了要確定真理與誠實，最後還要結合安普神（死亡）的嚴肅與誇猴天鬧（愚人）的幽默，祂們都盡量接近天秤槓桿的中央支點。

　　骷髏的骨頭支架很重要。如果沒有骨架支撐的話，我們不能那麼方便的走路與做事。骷髏也代表我們生命的架子，是最重要的部分，也是最後剩下來的部分。它也象徵我們的收穫。安普神告訴我們，每件事情一定有結束的時刻，但它會留下某一種收穫。

　　埃及人所繪的「愚人與死亡神」的互動，比歐洲塔羅牌所顯示的「愚人與死亡神」的互動更為有趣。例如，安普神所調整的鉛球秤錘是指前列腺（塞特的器官），誇猴天鬧（愚人）會在秤錘的上方，挑逗玩樂一個像舌頭狀的指針（陽物），當這個腺體被刺激時，這指針似乎就像男人增加了一個新的「骨頭」。

星象：天蠍座

　　死亡神的星座是天蠍座，蠍子的致命武器是牠的毒刺。生命的神祕，因為有生有死而完整。經歷死亡，將會充實其整體性。

　　當魔鬼塞特派蠍子刺殺胎兒期的小活路神時，圖特與蠍爾克特女神（Serqet，愛惜特女神的變化）解除了蠍子的毒素，本來會帶來死亡的毒蟲卻變成小活路神的玩具，蠍子的刺變成小活路的雷射「慧眼」。以慧眼（毒刺）看破一切後，所有無明自然消失。巫師神也用它而看破了死亡。

對應的偉特牌：死亡

歐洲塔羅牌中的死亡神牌變成手拿長柄鐮刀的骷髏。中古時代黑死病流行，歐洲人常常看到骷髏屍體。手拿鐮刀、嚴厲無情的生命收割者，一直到現在都是普遍認識的死亡神的樣子。

塔羅牌的死亡神會把人的頭手和腳都砍斷。這是因為當你完成了一個計畫以後，你就不再需要那些東西了。你只要享受你所達成的目標。歐洲塔羅牌的死亡神牌中，只有骷髏頭在笑，祂是在感激死亡的好處，如玩耍一般，體驗著死亡。

偉特牌的死亡背景有艘小渡船，它可以帶領你渡過遺忘之河，到達一個新的開始。太陽是指新的生命已經開始出頭，但如果你喝了孟婆湯，你可能會忘掉你學到的功課。騎在馬背上的死亡神，是《啟示錄》四位世界末日騎士之一，兩個塔是 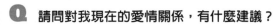（巴巴）的名字，它指出你要突破死亡的妄想，然後達到永生。這兩座塔，意指古人以大石塊所建的建築物，包含萬年的天文智慧，也包容千古未來。

占卜舉例

Q 請問對我現在的愛情關係，有什麼建議？

A 現在該是結束關係，或是結束影響關係的某一件事的時候了。這件事一直影響你們之間的互動關係，如果不解決的話，這段關係將會無法持續下去。

倒吊人
Hanged Man

ן

胎兒期的活路神

古埃及象形字	
唸　法	Heru Khenty Khaty
字　義	領袖意志神在子宮裡，領袖意志神在嬰兒時

古埃及的蓮花，這裡象徵胎盤

這名嬰兒代表未來的法老王或英雄

頭髮的辮子代表臍帶繩子

倒 吊 人
Hanged Man

牌義

等待、延遲、拖延、醞釀、
尚未成熟、等待、壓力

你是一位尚未完全成熟的英雄。「懷孕期」是人生必須經歷的一個準備階段，當你成熟時，就會誕生出來，面對世界，完成你要實行的任務。

母親懷胎九月時，胎兒在母親的子宮裡倒吊著，等待出生。當一顆精子與一顆卵子成功結合時，這個受精卵就已經開始醞釀未來了，只是他在母親子宮裡面需要耐心，並且跟著母親一起成長。雖然胎兒有些空間的壓力，但他繼續吸收母親所提供的養分，讓自己繼續發展成長。等到時間成熟時，就會被迎接到這個世界。

古埃及神祇：胎兒期的活路神

（肯地卡體，Khenty Khaty）是小活路神還是胎兒時候的稱呼。「-khet」是倒吊的意思。

肯地卡體是塔羅主牌的倒吊人，他為什麼要倒吊呢？正常的胎兒在母親的肚子裡，是頭在下面；特別是快要生出來的時候，因為頭部要先出來才安全。

象徵：繩子、網、床

倒吊人在神圖占卜棋盤上的角色很重要。祂跟圖特神和阿民日神一樣，都是整體的神圖棋盤，全部的神都在祂的身體裡。祂是修行者的靈魂，想要走上活路神的英雄探險任務，且達到巫師神的永生目標。祂等待審判的結果，就相當於胎兒在母親的子宮裡，一直掛在那兒的感覺。

人生的開始，有九個月的時間是腳上頭下，掛在母親的肚子裡。這時，胎兒全靠母愛的養育，才能得到他一切所需要的。人在投胎時，也是從天上掉下來，進入人生。倒吊人是人類在生命

旅行裡的探險精神，提醒我們不要緊張，我們的創造正在醞釀。堅持下去，就一定會實現。

愚人（誇猴天鬧）是主觀的天，世界（蓋布神）是客觀的地，而倒吊人（胎兒期的活路神）則是掛在客觀與主觀之間的人生。

古希伯來字母：目　英文字母：H

倒吊人的古希伯來字母是目，名稱叫做 HeYT，或許從 HUT（目Y⊗）繩子，線而來。古埃及文的 ⌇◠（Khet）的含義包括：樹木、樹枝、架子、桿、梯子、木板等。它也是生命樹或 ☥（安可）的符號。

這個字母在古希伯來文裡的意思是繩子或線，也是恐懼或緊張的意思。

古埃及文 ⸸（Het），也是一條編織的繩索的意思。古埃及神圖塔羅牌中，肯地卡體的「繩子」是在祂耳邊的辮子，這是古埃及文化裡兒童的傳統髮型。

巫師神（魔術師）漂浮在生與死之間，胎兒期的活路神（倒吊人）則是掛在死與生之間。這兩位神都有超然心靈的蓮花隨身，祂們是神圖占卜棋盤裡兩個超脫世間的特殊眼睛或觀點。巫師神在神圖占卜棋盤第二排的右邊第二格，胎兒期的活路神則是第二排的左邊第二格。兩者剛好是神圖占卜棋盤上兩個眼睛的位置，意指從超然的角度觀察世界。

器官：臍帶、肌肉、腿

在古埃及神圖塔羅牌裡，倒吊人牌上的蓮花是指胎盤，倒吊人的繩索是指胎兒的臍帶。偉特牌中的繩子意指胎兒的臍帶、肌肉或經脈，但在成人的身體裡則是代表腿。這與巴巴神有關。

在人的身體裡，最大塊的肌肉是腿部。當胎兒掛在母親的肚子裡，唯一跟世界溝通的方法是用踢腿來表達。

星象：人

這張倒吊人的星座是「自己」，符號以耶穌的十字架來代表。你把自己掛在宇宙的什麼角落呢？

對應的偉特牌：倒吊人

在一般的歐洲牌，倒吊人牌的架子上，會有十二個節孔，是用來代表十二星座。倒吊人的頭發光，像太陽；腰部有月亮，是指膀胱與腎臟。他的頭下是地，腳上是天，以及他自己。

他有一隻腳沒有被綑綁住，姿勢就像世界牌（蓋布／蓋婭）的跳舞躺臥姿勢。繩子把他的腳跟從北極星掛下來，他與北斗星座一起旋轉。他的腳跟被綑綁住了，意指雅各（以色列）的顛倒頑固。繩子指的是，雅各夢到梯子，讓他可以與巫師神一樣爬上天。

占卜舉例

Q 目前這份工作，有沒有升遷的機會？

A 你需耐心的等待一段時間。而且在等待的期間，也要讓自己繼續發展和成長，那麼升遷的機會就會來臨。

命運之輪
Wheel of Fortune

骰神（可泥模）

古埃及象形字	
唸　法	Shay, Khenemew, Khnemu
字　義	命運

產婦蹲在磚頭上生孩子；人頭指的是孩子出生時的主要使命

可泥模神是塑造宇宙命盤的陶藝師

骰神是被可泥模神塑造的肉身

圓型轉盤

命運之輪
Wheel of Fortune

牌義

塑造或被塑造的命運、開始運轉

運轉宇宙命盤的陶藝師可泥模神，在祂的圓型轉盤上塑造出萬物。祂創造了各式各樣的作品，骰神是其中之一。當陶藝師在創作時，他就是一位創造者；轉盤是陶藝師使用的工具；創造物是被創造的作品。我們如果要創出好作品，必須站在陶藝師的位置上，作品與轉盤都只是被動的角色。

你可以決定自己的命運：是像可泥模神一樣當創造者？或是像骰神一樣是被創造者？或是當那個轉盤呢？抽到這張牌，意味著你的命運已經開始運轉了，無論你是以什麼角色運轉。

古埃及神祇：骰神（可泥模）

骰神是命運之神。一個人變得成熟，找到了心靈真相之後，才能開始真正創立世間的福氣，也就是人類所渴望的名與利，這是骰神的領域。

在牌裡面的另一位神是 ⚏（可泥模，Khenemew）。祂的形狀代表天秤，祂頭上的一對角是兩枝橫伸的秤桿。

骰神是可泥模在轉盤上的陶土。意思是說，每一個人會塑造他自己的命運。這張牌提醒我們，要對自己的命運負責，而且讓全身變成愛的化身。要轉來轉去也好，要做車上的輪子去旅行也好，或是你也可以採取人面獅身或陶藝師的角色，甚至可以變成轉盤上的陶土，來體驗被塑造的感覺，或是變成轉盤本身。

象徵：輪盤、泥土、陶土

骰神的埃及文名字 ⚎，第一個象形字 ⚎是被灌溉的花園，含義是豐富的生活。命運是被決定的，而不是碰運氣的。宇宙的基礎是數學，而物理世界出生於幾何。骰神也象徵錢財、地產、名譽，或任何有用有價值的東西。

骰神在塔羅主牌是命運之輪。不過，在《紙莎草書卷》的圖

裡，還沒有把輪子清楚畫出來。埃及的命運之輪是世界上最古老的命盤。可泥模是塑造宇宙命盤的陶藝師，在祂的橫式轉盤上塑造萬物。骰神也是祂的作品。

可泥模的埃及象形文字是一個陶甕（祂的作品）： 。

（可泥模）神像有一個牡羊的頭，牡羊頭上的角是很奇怪的橫波狀。有時候，除了這對怪角之外，還會加上正常的角。可泥模的角是波動延伸出來，像是一條直線。

可泥模代表神聖幾何。在古埃及裡，祂的角被比喻為尼羅河，祂的轉盤上放著埃及的黏土，用土和著水來塑造東西。祂的轉盤最基本的造型是圓圈。可泥模的橫角代表直線，轉盤代表圓圈。直線與圓圈都是最基本的幾何。這張牌中的人面獅身，代表一個人出生到這世間的主要使命。獅身是一個陶土做的磚頭。古埃及的產婦會蹲在兩塊磚頭上，好讓嬰兒比較容易出生，使母體內倒吊的嬰兒由頭先出來。

古希伯來字母：⊗　英文字母：無相關字母

骰的古希伯來字母是⊗，名稱叫做 TeYT。字母中央的叉叉，暗示了戀人牌義，外面的圓圈則暗示魔術師的牌義。這個字母的名字有陶土的意義，形狀又像輪子。

你掌握著自己的命運，你可以塑造自己的命運，就好像陶藝師在他的輪盤上塑造泥土一樣。古希伯來文 ⊗ ♪ ⊗（泥土），是圖特神的變化。圖特神是助手，而你才是真正主人——陶藝師。這張牌上的輪盤，是你的助手。泥土則是你的資源。

器官：肚臍、脈輪、穴位、耳朵

這張牌的器官是指肚臍。那裡是你身體的重心，是最主要的脈輪，也是你決定在哪裡投胎的工具。

這張牌也可以代表任何脈輪（chakra）或穴位。脈輪在梵文裡就是輪盤的意思。當胎兒還在媽媽肚子裡時，胎盤即是指命運的轉盤。平常用蓮花作為象徵。

星象：土星

命運之輪當然是屬於土星。土星是宿命星，代表你已經變成「固體」的經驗。你要隨順那固體的特質，才能有較輕鬆的進度。

對應的偉特牌：命運之輪

在偉特的塔羅牌裡，命運之輪有很多埃及的象徵。四個角落的天使是星座動物：金牛座、獅子座、老鷹（天蠍座）、水瓶座。它們代表四個元素與四個方位，在古埃及時，則是活路神的四個兒子。

在輪盤上面有人面獅身。撐起輪盤的神是沙漠神塞特，祂被懲罰要每天撐起輪盤。還有一條圍著太陽輪盤的昧很蛇。但因太陽已經升起，所以這條蛇是呈現休息狀態。

輪盤上的英文字母有一些拼法：TAROT（塔羅），TORA（托拉），ROTA（輪盤），ORAT（說話），ATOR（愛神）。輪盤上的希伯來字母有一些拼法：外圈是指耶和華的名字，內圈是煉金術的符號：水、汞、硫黃、鹽。

鹽的符號是希臘字母 θ（theta），也是 ⊗ 字母的簡寫。

占卜舉例

Q 我和男朋友剛開始交往不久，請問關係要怎麼進行，才會順利？

A 你們的關係已經在進行式中了。只是你要想想，在這段關係裡，你是要處在積極的掌握者角色，或是被動的配合者角色。

力量
Strength

特婦女特女神

古埃及象形字	
唸　法	Tefenut, Tefen
字　義	吐氣女神，太陽吐出的光和熱能

顯性的太陽

獅子頭代表強壯的太陽能量

神的權杖代表至高修行
開悟的能量

力　量
Strength

牌義

能幹、由內而外的柔性能量、魄力

每個人都有馴獅的能力，問題在於你能否先馴服自己。如果想要發出完全的強大力量，你必須全然的信任自己，讓自己與高我結合，讓最有利的情況與理念顯化。

真正的馴獸師不會與獅子正面對抗，他會明瞭自己的能量要如何與獅子的本性連結，讓獅子願意在他的領導下配合他。

古埃及神祇：特婦女特女神

（特婦女特，Tefenut）是一位有獅子頭的女神。在她的獅子頭上，有一顆發光的太陽。

獅子女神象徵在發光的太陽，以及太陽吐出強烈的能量光束。她也象徵舒神的氣體所產生的任何星星。這些氣體會透過引力，聚集成為一顆新恆星，或是變成像地球一樣的行星。

舒神與特婦女特女神是一對兄妹，一位象徵日落，一位象徵日出。兩人成為一對獅子。

特婦女特後來變成色克美特（Sekhmet）獅子女神，她是熱烈太陽光，也是我們身體的化學功能與熱能。之後，又她變成可愛的巴斯特（Bastet）貓咪女神。這樣的女性生命產生的性能量，會讓男人全身發熱，想要追求她。

象徵：獅子、女人的厲害、聰明、能幹

特婦女特代表宇宙透過引力、核子化學與電子化學，讓宇宙的氣體形成固體的可能性。就像我們在生活中發出各種欲望的火花，將這些開始變成具體的經驗。

特婦女特在塔羅主牌中是力量牌。她是一位擁有智慧與技術的女強人，以心靈的智慧，讓理念具體實現。手是讓思考具體化的媒介，因此力量牌和手特別有關。

古希伯來字母：ﬞ 英文字母：I、J、Y

力量的古希伯來字母ﬞ，名稱叫做 YaD，意義是手。古埃及象形字是手伸出來要拿東西的意思。

手不是身體裡面最強的器官。手的力量在於它能夠伸出來改變環境。手臂象徵太陽的光線伸出來，把能量傳到地球。手指的靈活可以發揮驚人的技術。因此，人的手象徵我們的心想事成的力量，我們可以想像出來一個可能性，然後用手讓它成為具體的表現。

器官：手與手指

這張牌代表我們身體的手與手指。在塔羅牌中，力量牌常常是一名婦女徒手制服一頭野蠻的獅子。她不畏懼的把手放在獅子的嘴裡，意味著真正的力量來自於心靈智慧的勇氣，而不是外表的強勢。透過你的智慧，就算是一根「小指頭」，都可以點石成金。

星象：獅子座

特婦女特的星座當然是獅子座。這張力量牌提醒我們，不要抗拒物質的力量，並且使用較聰明溫和的方式來處理物質力量的強度。它暗示我們，可以用手的觸覺與撫摸，來調整與培養生命能量的樂趣。這也是一門很高的學問（可參考宮廷牌的觸覺神）。

對應的偉特牌：力量

偉特牌的力量牌，是把婦女與獅子分開，兩者的接觸點是婦女的手指與獅子的嘴。埃及的神圖塔羅牌則把他們合成一名有著

獅子頭的女人。圖很簡單，暗示著處理事情的方法未必很複雜。
主要的力量是來自心的感動力，再加一些睿智、耐力與勇氣，就
沒有問題了。

占卜舉例

Q **我即將在工作上接掌一份新任務，請問要如何表現？**

A 發揮你柔性巧思的智慧，實際的接觸與掌握所有狀況，你
將會在新職務上發展出強而有力的局面。

隱士
Hermit

本無鳥

古埃及象形字	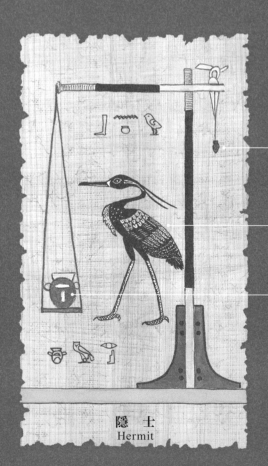
唸 法	Bennew
字 義	本無鳥是巫師的永恆之心

鉛球秤錘

本無鳥

心臟

隱 士
Hermit

牌義

抓取、隱居、退居幕後、修行、隱密、照亮自己的心

　　清楚明白自己真正的心境及想法，是成功的第一步。當你被問題或事情卡住時，首先要能清楚你在潛意識裡的想法，然後才能想辦法解決它。否則，你只解決到問題的表面，真正的問題還會繼續延燒著。隱士要修行時，會先在一僻靜處隱居，但不會與真實世界分離，這才是這個世代真正的修行者。修心治己，是我們個人對自己的義務。

古埃及神祇：本無鳥

　　本無（Bennew）／變變（Benben）是放在天秤裡被權衡的心臟。本無與變變也代表心靈成熟的人。古埃及的本無，經過希臘文，變成現在英文裡鳳凰（Phoenix）一字。

　　在群神權衡心靈儀式裡，這場儀式的目的是要確認你是否真誠？是否輕鬆自在？或是困在沉悶、煩惱、憂慮、困擾、混亂、憤怒與悲傷之中？也看看你如何能夠擔負起人生全面的責任，而不被它們壓垮？

　　古埃及的圖像中，天秤的一邊放著心臟，另一邊則是秤著一根輕輕的羽毛。意味著權衡你的心能跟羽毛一樣輕盈嗎？本無鳥是巫師神的心，要把心修成跟羽毛一樣輕，才能得永生。

象徵：手掌、握拳、山洞、抓住

　　流傳於世的鳳凰鳥神話，是源於埃及人或他們的祖先。人的心靈就是本無鳥（或譯「變巫」鳥）。太陽日神的高我覺識就是指鳳凰鳥。

　　巫師神能修到永生，是因為祂的心靈跟本無鳥一樣，能淨化到真誠的境界。巫師神的兩個兒子巴巴與小活路神，透過不同的生活方式也得到永生。巴巴神是方外之人，透過靜坐氣功與密宗的譚崔心靈修行，找到了永生的捷徑。小活路神則是在強烈戰火

中修行，獲致生命的核心。這兩種途徑都行得通，但都需要全面的投入。

腓尼基人用了一個聰明的方法，確保他們不會忘記創造字母系統的真正目的，他們選了鳳凰鳥作為民族的文化圖騰。腓尼基人（Phoenicians）就是鳳凰鳥的民族（Phoenix People）。鳳凰鳥是真誠心靈的象徵。可惜的是，這麼聰明的方法還是沒用，最後仍然把道理忘光了。還好，鳳凰鳥有一個特殊的習慣。每過了幾百年或幾千年，牠就會築一個巢，坐在裡面，讓自己突然燃燒起來，將自己的身體全部焚化，再從留下來的骨灰跳出一隻新生的鳳凰鳥，讓永生的真誠心靈浴火重生了。

古希伯來字母：Ⴘ　英文字母：K

隱士的古希伯來字母是Ⴘ，名稱叫做 KaPh。這個字母在古希伯來文裡是雙關語，代表手掌與山洞。古埃及的巴巴神跟印度的濕婆神一樣，常常隱居在山洞裡修行，巴巴喜歡穿戴豹皮。

器官：心

在神圖占卜棋盤裡，隱士是指天秤權衡你的心。在偉特塔羅中，隱士伸出的手臂就像是天秤的秤桿，而他手提燈籠就像是掛在秤桿的秤盤上的心臟。燈籠是指心臟隱藏在胸部的肋骨中，或是心被隱藏著。古希臘有位犬儒學派的隱士叫做戴奧真尼斯（Diogenes），他經常在大白天的馬路上，走到人們的面前，把手提的燈籠照在他們的臉上。人們問他在做什麼，他說他在找擁有一顆真誠之心的人。

星象：火星

隱士的行星是火星。火星是一處冷凍沙漠。它的紅色像血一

樣，是鐵氧化造成的。紅與綠為互補色或隱形色。心臟是紅色的，但象徵心輪與愛的顏色卻常是綠色。這含有隱形之意。

修行者需要讓心情鎮定下來，返回根源，使生命能量的光從裡面重生。修行者需要跟沙漠神塞特溝通，處理他累積的內心問題，讓他緊握的拳頭終於可以放鬆下來，寬恕那隱藏的祕密，好讓生命的光輝重新照明。

心靈的祕密是我們生命能量的揚升，就像在太陽日神的金字塔頂端與方尖石碑上的「變變」皇冠頂石上。隱士掌握了這祕密之後，無論他到了哪裡，這肉身「籠子」裡都有一隻火鳳凰，但只有開啟慧眼的人看得出來。

美金一元鈔票面額的那一面，右邊是美國國徽的圖騰老鷹。那隻老鷹就是活路與本無鳳凰的合成。老鷹的頭上有一個大衛星。大衛的名字在古希伯來文是 $\triangle Y \triangledown$，意思就是愛或戀人。左邊則是埃及金字塔，塔上面的眼睛就是「變變」皇冠的頂石，也就是活路神能看清楚一切的慧眼。變變和本無鳥，都是心的象徵，目的是提醒我們在用錢做買賣時，真誠的心是最重要的。

對應的偉特牌：隱士

歐洲對隱士主牌的畫法，把埃及的審判天秤人格化了，又把心臟物體化了。隱士的手緊緊提著燈，跟力量牌裡輕鬆撫摸獅子的感覺很不一樣。這是隱士的功課。偉特塔羅牌的隱士，左手握住手杖，右手提著燈籠。燈火的光像大衛星，也是古印度心輪的象徵，燈火是充滿智慧的心。

占卜舉例

Q 想要從事一門新的事業，想問該如何發展？

A 首先，你要誠實看待自己心裡真正的想法。為什麼想做這門事業？然後，你就能清楚下一步該往哪裡走。

正義
Justice

真理女神

古埃及象形字	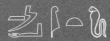
唸　法	Ma@t
字　義	真理、真實、正義

天秤上的心臟

頭上羽毛象徵生命的真理

天秤上的羽毛

正　義
Justice

牌義

公平、平衡、真理、真實

如果說天秤的兩端，一端放了一根羽毛，一端放著你的心，你要如何讓天秤平衡？羽毛象徵著理性、真理與真誠，心臟象徵著感情，要怎麼才能讓自己的心保持平衡呢？要如何讓心往上飛揚，達到與羽毛一樣輕？

學習，就是認識真理的過程。真理，是不站在個人的利益，不妨礙別人的立場，它是雙贏的，是以整體角度來衡量，讓狀況能有所提升。我們在人生尋找平衡與公平，才能穩定。

古埃及神祇：真理女神

（瑪阿特）是埃及的真理女神或正義女神。她的特徵是頭上有一根羽毛。在《阿尼紙莎草書卷》裡，她是天秤右邊秤盤裡的那根羽毛。

瑪阿特的羽毛代表真誠，她常常會把那根羽毛戴在頭上。舒神（皇帝）頭上也戴著羽毛，表示正義與真理的重要性。智慧與理性科技神圖特最喜歡瑪阿特，祂是瑪阿特的親密伴侶。

瑪阿特頭上的羽毛，顯示人的靈魂要透過真誠才能輕鬆飛翔到天上。心靈是如此單純清楚愉快，也充滿想像力與創造力。在塔羅主牌中，瑪阿特就是正義女神。

象徵：天秤、教學

到了希臘時代與中古歐洲的時期，瑪阿特的羽毛變成帕律司雅典娜（Palas Athena）的寶劍。開始給人一種軍官審判的感覺，暗示有罪的人將會被懲罰，甚至會被判處死刑。

但在古埃及心靈權衡儀式裡，阿迷特（魔鬼）吃掉人的心，指的其實是心靈的自我懲罰，而不是有一個實質的法庭在懲罰他。可惜的是，世人喜歡運用法庭來懲罰別人。法庭以寶劍為標

誌，灌輸嚴厲的正義信念與作法，恐怕是希臘的帕律司雅典娜神話被人們開始標誌軍事化的結果。後來的羅馬帝國也繼續延續這種作法，因此一般認為真理女神的天秤代表法律的公平。其實，原本的天秤代表著更深一層的意義。

古希伯來字母：╟　英文字母：L

正義女神的古希伯來字母是╟，名稱叫做 LaMeD，意思是教條。但為什麼不是用天秤來命名呢？天秤是市場交易日常使用的重要工具，比「教條」更具體。用抽象的教條代表正義，有禁忌的暗示。其他主牌的字母名稱，就沒有那麼抽象的用法。

器官：男性生殖器

原來，真理女神握住的天秤就是男人的陽物，也就是阿民日神的陽物。╟Ⓦ▽教學的「教條」，就是男性╟與女性▽如何交流溝通Ⓦ的祕訣。這個重要教學是指：男女的親密關係應該建立在公平之上。女人管理著男人的操縱桿，確保男人得到快樂時，她也得到快樂，而且不要越過她所能接受的界限。這樣一來，男女關係才能達到雙贏的結果。

有趣的是，寶劍等武器也變成陽物的象徵。但另一方面，男人卻誤以為使用暴力能展示自己的權力和活力。男人以暴力制服女人的結果，卻是讓社會開始不平衡了。甚至在有些社會裡，如果女人做了別的感情選擇，她的男人要殺了她，才可以恢復家族的名譽。男女的不平等，顯示了人權的低落。真正的英雄好漢，是能夠真誠分享愛的人，並不是要求很厲害的表現。

星象：天秤座

正義很明顯屬於十二星座中的天秤座。平衡的社交關係，要求公平性。公平的核心觀念是雙贏。從親密關係的雙贏開始，延伸到家族、社會、貿易與政治。當世界能以正義運行時，大家就會享受和平和諧的生活。

對應的偉特牌：正義

歐洲的正義主牌跟古埃及塔羅牌真理女神很類似，只是把羽毛變成寶劍。在真理女神後面的兩根柱子，暗示這張牌跟下半身有關係，也是陽物神 ⅃⅃（巴巴）的名字。

占卜舉例

Q 我和伴侶常常吵架，請問要怎麼改進相處的方式？

A 你需要釋出真誠的心，讓對方感受到你與他是站在平等的角度上，讓彼此雙贏。

月亮
Moon

保母女神

古埃及象形字	
唸 法	Renenet, Serqet
字 義	保母女神、蠍子女神

毒蠍是英雄小孩的玩具，牠的尾巴暗示月亮的形狀

照顧小孩的保母女神仁恩奶特

帶你到新生命的胡狼

死亡神的胡狼在等著你

月　亮
Moon

牌義

情緒、前世、潛意識、過去模式、夢幻、水、海潮、月亮

　　抽到月亮牌，指出你的情緒與深層意識會反覆出現的一些模式，都是受到過去經驗所留下的影響，有時候你可能產生不適合的反應。

　　月亮牽動著潮汐的起落，就像情緒起伏一樣。當你遇到問題困擾，情緒不平靜時，要去探討你情緒受到牽動的真正原因。你的意識最初對某件事下了定義，就決定了你以後對同樣事件的看法，以及會採取的行動。除非你想要做出改變，否則你會受到過去潛意識的影響，身邊一直重複發生著同樣的模式。

　　人為了應付日常生活，會有一些習慣與自動化的行為反應。但當你被這些習慣模式困住時，你想要成為有創意、富裕、自在、成功的人，就必須解開舊有的慣性模式，接受新的作法。

古埃及神衹：仁恩奶特

　　（仁恩奶特，Renenet）是照顧小孩的保母。幼童透過保母跟他輕聲低語唱兒歌，學會了說話及溝通的技術，也形塑了他基本的個性與行為模式。古埃及文 （renen）有很多含義，包括：哺乳、養育、嬰兒、快樂、收穫與名字等多重意義。

　　保母是小孩的第一個老師，教給孩子一些「功課」。但小孩長大以後，會忘記人部分的「功課」，這些經驗多半沉沒到潛意識裡，變成隱形的模式。這些幼年的模式常常會限制他未來的成長，在他長大後並不一定適合。

古希伯來字母：〰　英文字母：M

　　這張牌的古希伯來字母是〰，名稱叫做 Mem 或 MaYiM，指的是水。牌的下方畫出藍色的尼羅河河水或海洋。

象徵：水、海潮

這張塔羅主牌是反射太陽光的月亮。月亮跟海水的潮汐有關。雖然尼羅河的上漲不是月亮造成的，但它的氾濫很像海潮的上漲。每年尼羅河的氾濫，淹沒了埃及的田地，卻帶來水與肥沃的土壤。埃及在地中海與紅海岸邊也有海潮的現象。古埃及的農民與漁民，都靠這些河水、海水定期的流轉而有農收漁獲。仁恩奶特意味著自動化的生命模式，以及過去時光留下的影響。

器官：膀胱、腎臟、尿液、血液

月亮的象徵器官是膀胱、腎臟、尿液及血液。月亮與水有極密切的關係，就像我們人體與尿液、血液的關係。膀胱是儲存尿液的地方，也象徵著月亮。因為膀胱是由恥骨保護著，恥骨是彎曲的新月形狀。

星象：月亮

月亮牌的星象當然就是月亮。有人說，愛惜特女神的星象是月亮，這個說法有些道理，因為愛惜特女神跟月亮很有關聯。也有人說，月亮牌是雙魚座，因為月亮會影響海潮。

古埃及通常稱月亮神為「跟宿」或「孔蘇」，因為月亮一直變形，在天空中也一直改變位置。跟宿平常代表小孩時期的活路神。

蠍子女神 ![] 蠍爾克特（Serqet，愛惜特女神的蠍子化身）照顧著調皮小英雄活路神。在古埃及的藝術裡，蠍子常會出現在蠍子女神的頭上，來代表她的名字與角色。

偉特牌的聖杯王后，聖母瑪利亞給聖嬰餵奶的圖像，完全是學自古埃及《紙莎草書卷》裡愛惜特女神為她的兒子小活路餵奶。

對應的偉特牌：月亮

偉特月亮牌裡的龍蝦，是從尼羅河的蠍子演變而來的。當海邊或河邊有小蟹或蠍子出現時，人們就可以知道這時候水是在退潮。偉特月亮牌裡的胡狼，則是古埃及的死亡神安普，以及往生的導遊──巫普瓦特（Wepwaut）。

仁恩奶特會帶你走上生命之路；在你死後，安普把你接到陰間；巫普瓦特則是在陰間的路上，帶領你到下一世的產期，再把你交給仁恩奶特。

其他歐洲牌的月亮牌，會把尼羅河變成海洋，陵墓變成塔。原本坐在陵墓上的兩條胡狼，則變成坐在塔前面地上的兩隻狗或狼。

偉特牌上的兩座陵墓或塔，暗示著下半身器官，也跟巴巴神有關。

這張牌與處理過去記憶，以及潛意識中儲存的心理與生理模式有關。人在活著時會有非理性的恐懼、害怕及其他負面情緒。人最大的恐懼是怕死。這張牌提醒我們要整頓情緒，處理那些需要淘汰的舊有模式。人最重要的「記憶」，是要記得自己是誰。

占卜舉例

Q 我在事業上遇到了瓶頸，請問如何突破？

A 你舊有的作法已經不適用現在的運作了，你必須換個新的心態與作法，才能突破事業的瓶頸。

星星
Star

星空女神

古埃及象形字	
唸　法	Newet
字　義	星空女神

裸體星空女神是銀河系的星星，也是瑜伽體位

水瓶象徵淨化，也是她的名字

神的權杖代表至高修行開悟的能量

星　星
Star

牌義

淨化、未來、占卜、星象、希望、許多機會及可能性

古埃及人最先進、最浩瀚的課本就是天上的星空。現在的星象學，也可以作為我們人生參考的方向。當我們在現在的狀況，總是對未來的目標充滿著希望。為了達成目標，我們淨化自己、調整自己，為了美好的未來做出最佳的準備。

透過心靈的眼睛，看著一幅大畫面，你的未來將會包含一些什麼經驗呢？試著擴展你的眼界。

古埃及神祇：女特女神

（女特，Newet）是星空的裸體女神。蓋布（世界）與女特（星星）做愛，產生了古埃及的國家文明神群，包括：為尼羅河氾濫帶來土與水的巫師神、沙漠神塞特、肥沃三角洲的愛惜特女神，以及豐收女神尼伯西特。這四位神原來是兄弟姊妹的手足關係。後來，巫師神跟愛惜特女神結婚，塞特與尼伯西特女神結婚。

象徵：精油、星星、星座、淨化儀式、未來

她是充滿了閃爍未來可能性的無限星群的外太空，她也是我們的銀河。女特女神頭上常常會戴著一個瓶子，裡面裝滿了創造能量，銀河之「光奶」從她身中流出來。這個瓶子也是她名字的發音：New。

女特女神的原始配偶，是充滿了創造能量的「能神」　。能神頭上戴著三個瓶子。能神全身都是虛擬的創造能量波，祂是阿民日神的真空狀態。能神代表一切可能性的共同存在，但尚未具體的顯現出來。星星牌象徵著很多的可能性。

器官：腺體、荷爾蒙、內分泌

在我們的身體裡，女特是腺體。身體裡的各種腺體雖然占的體積很小，但腺體所分泌的荷爾蒙對人體的成長過程、生理功能與生命力表現，都有著重大的影響。前列腺就是男性非常重要的腺體之一。

古希伯來字母：ɥ　英文字母：N

女特的古希伯來字母是 ɥ ，名稱叫做 NaNaS，意思是侏儒、矮人。很多人把它簡稱為Nun，意思是墮落或退縮。

星星是小太陽。星星看起來很小，是因為距離地球很遠。問題是我們把自己的意識縮成侏儒般大小，其實，星星還是可以對我們的生活造成巨大的影響。

星座是天空中的地圖，航行者在旅程中就是靠星座方位來確定方向。每一個黃道的星座都是古希伯來文的字母。女特是上天的課本，塞特是地球的隱形軸，北極星是巫師神的寶座，整個宇宙好像在繞著巫師神的寶座。巫師神是女特非常重要的兒子。

星象：雙魚座

女特的星座是雙魚。海裡的魚兒，就像天上的星星一樣多，代表著夜晚天空與未來的無限可能性。歐洲塔羅牌裡的星星牌，很明顯的是星空女神正在把瓶子裡的液體倒出來，為地上與水裡灌溉。雙魚座是指灌溉、淨化自己。將水瓶往下倒出油或酒，是要為未來做準備。星星牌與星座豐富的多產能力有關。

很多塔羅專家認為星星牌屬於水瓶座，因為他們看到牌上畫著一名女人手上拿著瓶子。這說法也有它的道理。雖然時至今日，埃及女人還是跟女特女神一樣，是把水瓶頂在頭上。

我認為水瓶座是節制牌，節制牌是尼伯西特女神，她的雙手各拿了一只瓶子，用來調飲料。

對應的偉特牌：星星

在偉特塔羅牌中，女特是星星牌。她在一個大星座下裸露著，用精油灌溉，來淨化自己。這個儀式表明她意圖為未來的發展做準備。在後面的背景中，你可以看到生命樹上有一隻圖特神的朱鷺鳥，這暗示圖特創造文字跟記錄天文的星座有關。而天上的星星永遠不會消失，就像是隨身攜帶、隨時可見的圖書館。偉特牌把圖特化身為女特的意境傳達出來了。

占卜舉例

Q 我想要開發直覺，請問有什麼方法可以開啓？

A 你可以透過玩神圖塔羅占卜來發揮你的直覺潛能。

皇后
Empress

母特女神（母愛女神）

古埃及象形字				
唸　法	Mut, Het-Heru			
字　義	意志神的家（光明的天空）、西方國的女主人			

—— 代表光與光線

—— 鏡子

—— 母愛女神哈托爾

皇后
Empress

牌義

豐富、母愛、生育能力、母親、照顧、支持

母愛女神的精神是慈悲、愛、包容、觀察。就像母親的愛一樣，母愛女神能培育萬物，她是生命能量最豐富的表現。

當我們能給出豐富的愛之前，要先懂得將愛給予自己。因為你內心的鏡子會投射出你的信念，讓你從外在世界或別人身上看到自己，好讓你知道自己是匱乏或豐富的。經驗就像一面鏡子一樣，你的任何經驗都是你在投射自己的信念，包括自我形象與人生觀。

古埃及神祇：母特女神

母特（Mut）就是活路大廈（Het-Heru），她是「老活路」太陽神的「家」，也是祂在大白天上空的宮殿。

象徵：生育能力、豐富

阿民日神代表創造源頭，祂創出所有群神及每位神的各種不同化身。母愛女神母特則扮演包容源頭的空間。她是源頭的母親，也是祂的老婆，是群神之母。她扮演白天的光，但這也是阿民日神創造的。所以，母愛女神也是阿民日神的女兒。

孩子最需要的是母愛。母愛女神是母親，也有母愛，那是無條件的關懷與照顧。作為一個有智慧的母親，她會訓練小孩；但她也懂得讓小孩自行去探險，甚至是從錯誤中學習人生的功課。

母愛女神是生命力最豐富的表現，她能培育萬物。埃及人有時用大母牛來象徵她。母特女神。常攜帶「奶嘴型」（Menat）項鍊，來紀念她所給予的幸福。

在皇后牌裡，她會拿著鏡子，意思是：愛永遠是在照鏡子。那愛只針對自己，但所愛惜與關懷的自己，都是自己的投射、自

己的創造。假如這讓你感覺不舒服且有情緒的話，這其中即是少了慈悲、愛及包容的精神。

塔羅牌中的母特是皇后牌，她是舒神（皇帝）的配偶。舒神帶來生命能量之氣，而母特女神透過跟舒神做愛，才能創造出活生生的生命體，那是空氣與陽光的交配，是肉體的開始，也是太陽神的直接化身。因為阿民日神是創造源頭，所有生命能量就從祂爆發出來了，這也是為什麼舒神和母特女神是阿民日神的宇宙創造。

古希伯來字母：干　英文：無相關字母

母特的古希伯來字母是 **干**，名稱叫做SaMeKh，意思是撐起太陽在空中的柱子。在身體裡是指卵巢後面的脊椎骨。

SaMeKh這名字連結到埃及文裡的色克美特（Sekhmet）獅子女神的強烈生命力，所以，母特也是特婦女特的化身。

母愛女神母特有時候會出現在古埃及的生命樹裡面，她從瓶子裡倒出甘露水，給修行者與他的「巴」靈魂。這很明顯是大慈大悲觀世音菩薩的來歷，生命樹就是愛的象徵。

希臘的 Σ（Sigma）與 Ξ（Xi），交換了古希伯來字母 **W**（ShiYN）與 **干**（SaMeKh）的名稱，因為在古希伯來文裡字母的發音很接近，而希臘人因不懂字母名稱的意義而混淆了這兩個字母。

器官：卵巢

皇后牌象徵的器官，是婦女身體裡的卵巢。卵巢包覆著卵子。排卵就像是生命的黎明，生命的日出。

星象：金星

母愛女神母特的行星是金星，這是希臘愛神愛芙羅黛蒂、羅馬愛神維納斯的象徵。在早晨與黃昏時，可以看到她一直支持與跟隨著太陽日神。

對應的偉特牌：皇后

皇后頭上的皇冠有十二個星星，是指女特（星星牌）的十二星座，是《聖經》裡以色列的十二個兒子，是代表一年的十二個月，是白天和夜晚裡十二個小時與萬物的各種特性，意味著全部被接納、全部被愛著。

 我準備要懷孕，但不知道自己現在適合生小孩嗎？

 妳很適合生養小孩，而且已經準備好要當媽媽了。

魔術師
Magician

巫師神（阿薩爾）

古埃及 象形字	
唸　法	Asar, Weser
字　義	巫師神——永恆之主

魔 術 師
Magician

太陽象徵巫師神的高我慧眼
眼鏡蛇象徵生命能量已經啓發

羽毛象徵無限大及頂輪已開啓

此圖騰象徵母愛，意指要得到
永生，需要擁有愛

火、土、風、水四元素神

神的權杖代表至高修行
開悟的能量

包木乃伊的布條，象徵巫師神
已經死過了，又復活為植物神

平台象徵正直與誠心

牌義

直覺、無限可能性、掌握所有
一切而任意的變化、有很多變
化的彈性、與大我溝通

　　你就是個魔術師，使用你個人特殊的魔術來轉化你的世界，變成你喜歡的樣子。人生所有一切的可能性，都掌握在自己的手上。除非你不願意，否則它會照著你意識及信念模式運轉。當我們開發直覺，與高我溝通時，會知道如何取得天地之間的火、土、風、水能量，以及運用得宜。此時，你所有的目標，無論是健康、財富、愛情，還是事業，都能心想事成。

　　巫師神是「太陽的兒子」，古埃及字是 （Sa R@）。

古埃及神祇：巫師神

　　（Asar）一般譯為歐西里斯（Osir，Osiris）。巫師神存在於人與神的中間，祂是塔羅主牌中的魔術師。巫師神被祂的弟弟塞特（魔鬼）殺了，可是祂的兩個妹妹，愛惜特女神與尼伯西特女神把祂的屍體找回來。然後，圖特神把生命能量重新灌進屍骸，讓巫師神復活，而且讓祂得永生。所以巫師神不生、也不死。

象徵：魔術、醫療、煉金術、智慧、直覺、眼光

　　在古埃及神圖棋盤上，祂的位置左上是掌管生命呼吸的舒神（皇帝），左下是無生命、無呼吸的安普神（死亡），右上是創造源頭神阿民日神（太陽），右下是圖特神（教宗）。巫師神（魔術師）的正上方是高潮的特牡神（高塔）的爆發性能量，正下方則是真理女神，掌控著陽物的真實操作。巫師神的牌面中，面前有一張蓮花桌子，上面有四個小型罈子，裡面收藏著祂的內臟。那些罈子是活路神的四個兒子，代表東、西、南、北四個方位，也代表土、風、火、水這四個自然環境裡的元素。

　　巫師神的頭上戴著特牡神的皇冠，加了兩根羽毛，這是舒神與真理女神的兩根羽毛。這些羽毛代表祂的頂輪已經開啟了，而且祂的氣能通到高我，而修成正義真理之果。

在古埃及與古印度裡，眼鏡蛇代表亢達里尼生命能量，眼鏡蛇站立在屋頂上包圍著太陽，證實巫師神已經活在生命源頭裡，與阿民日神一樣。巫師神的身體則是包裝在木乃伊布條裡，祂全身都在愛惜特女神的深愛內，永遠活在高潮中。上方空中，還有母愛女神母特飛過來，要給巫師神連接永恆的護身符。手上拿著農民的連枷 與牧羊人的枴杖 ，這些權杖都是法老王的權威象徵。

古希伯來字母：◯　英文字母：O

巫師的古希伯來字母是◯，名稱叫做 OaYN，這是眼睛的符號。

器官：眼睛、松果體

在最古老的金字塔經文裡，巫師的名字是 ，由寶座 與下方的大眼睛 組成。屁股的眼睛，也就是屁眼。古埃及藝術裡，有時會把眼睛放在猴子（圖特化身）的屁股下方。巫師神會把亢達里尼的生命能量從海底輪（屁眼）提升至頂輪，讓它成為智慧能量之眼。埃及人把巫師的名字寫成 ，眼睛象徵心靈精神層面，寶座則是象徵人的肉體。真正的巫師神已經是半人半神，又是光體，又是肉體。巫師神有兩個兒子，大兒子巴巴，二兒子活路神。牌上出現的兩根大柱子，是要提醒我們，祂的兩個兒子在這裡很重要。巫師被謀殺以後，屍體的生殖器不見了。透過巴巴與圖特的隨時化身魔力，祂們超越了時空與生死的限制，可以自由來去，把眼鏡蛇的生命呼吸傳給適合學習的人。祂們想辦法給巫師補充一個新的「靈根」（lingam，男性生殖器神像）。

眼窩在古埃及文稱之 arit bab，是山洞的意思。頭骨一共有七個巴巴「洞孔」（sefekh babau）。後來把修行的人稱為 （巴巴）。巴巴神經常穿壺神的豹子皮，也很重視「靈根」的修行，透過這樣的修行而得永生。巫師神在心靈的隱喻上，算是巴巴最

主要的門徒，就像小孩是父母的心靈導師，而圖特神是巴巴的師父。在埃及文化裡，巴巴神的門徒巫師神，是代表開慧眼、得永生的理想人物。祂的慧眼看得最遠、最清楚。巫師神特別提醒我們打開慧眼，需要喚醒松果體的「第三眼」。

星象：水星

巫師神經常手上會拿很多魔術棒。魔術師的變化比你的眼睛的開闔還快，就如同水星一樣。水星最接近太陽。赫密士的魔術棒，能最清楚的看到源頭。赫密士當然也是圖特神的另一個化身，巫師神是圖特神（教宗）的標準產品。巫師在天上的永生法老王畫面就是獵人座。祂的腰帶是三個「大金字塔」星星，祂的妻子愛惜特女神則是天狼星。

對應的偉特牌：魔術師

傳統塔羅牌中的魔術師，一定有巫師神的一張小桌子，擺在身前，上面有小牌的四種花色。古埃及神圖塔羅牌的魔術師牌中，則是活路神的四個兒子元素神，站在一朵蓮花上。魔術師頭上的無限大符號，也就是古埃及巫師頭上皇冠裝飾的鴕鳥羽毛。一般傳統塔羅牌中魔術師的右手高舉，做出「卡」（電能）靈魂的手印，而且左手指向桌子上的衡棍棒（卡電能的性能量）。魔術師已經把「卡」（電能）的性能量，轉變成心靈的創造力與智慧。這些細節在B.O.T.A.（Builders of the Adytum）版本裡最明顯，其他的Venice、Marseilles、Wirth等版本中，這個姿勢都比偉特牌標準。

占卜舉例

Q 要如何才學好英文？

A 學習英文要能多樣化，不要執著在自己既有的學習模式中。找出各種可能性，使用多種變化的探索與練習。

節制
Temperance

尼伯西特女神

古埃及象形字	
唸　法	Nebet　Het
字　義	神廟的女主人

代表神廟的女主人，也代表她的名字

裝滿煉金術所需的重要物品，包括香料、飲食、化妝品等

節　制
Temperance

牌義

飲食、調整、煉金術、交換意見、亢達里尼能量

　　化學的煉金術能調出神奇的科技產品，我們該如何調出自己的生命，讓生命燦爛又神奇呢？真正的神廟是你的肉體，管理神廟的女主人是你的生命能量。啟動你的亢達里尼能量，在體內調出火花（拙火），是生命的煉金術。

　　一般人在生活飲食、與人交談上，都是在做一些對自己、對人際關係的調節。

古埃及神祇：尼伯西特女神

　　一般譯為奈芙蒂斯（Nebthys）。尼伯西特女神是塞特神（魔鬼）的伴侶，也是巫師神（魔術師）與愛惜特女神（女教宗）的妹妹。

　　古埃及的開口儀式是精神上的啟蒙，「協牧」（Sem）祭祀會用「巫耳嘿卡」（Ur Hekau）魔術棒點嘴巴，接著傳遞一些祕密咒語。這些聲音會幫助尼伯西特開發她的女神潛能。

　　愛惜特女神是神廟之門，尼伯西特女神則是神仙內殿的最奧妙處。阿民日神（太陽）是男性潛能，尼伯西特女神（節制）是女性潛能。透過此，你將獲得一切的人生經驗與成熟。

象徵：飲食、營養、調整

　　她是一切萬物大神廟（Het）的「女住持」（Nebet）。尼伯西特女神頭上常常帶著象徵她名字的符號 ⎕ ，這個符號是一個碗的象形字，指「一切」或「主人」的意思。碗下面的符號 ⎕ （Het），則是神廟的象形字。在古埃及的圖像中，尼伯西特女神經常站在巫師神後面，配合愛惜特女神，一起支持巫師神。

古希伯來字母：ㄋ　英文字母P

　　尼伯西特的字母是ㄋ，名稱叫做 PeH，意思是嘴巴。我們的嘴巴，主要是用來吃喝與說話。飲食、言語上的節制，會讓我們健康。在節制牌的畫面裡，尼伯西特女神兩手各持一個瓶子，就是像在調節飲料的樣子。

器官：嘴巴，神之口

　　尼伯西特女神是特婦女特女神（力量）的宇宙生理能量，化身在我們的個體中所啟動的亢達里尼能量。她的丈夫塞特神代表男人的前列腺（也代表女人的G點），當生命能量到達高潮時，這會通到頂輪上的天宮北極星，將個體與無形、形而下與形而上，連接起來了。

　　巫師神的屍體被分解，象徵意識的分解。愛惜特女神哀悼巫師神被塞特神殺死，因而喚起尼伯西特神的亢達里尼能量。亢達里尼能量，會上升至腦下垂體的總腺體，讓它打開及調整所有的能量。當這亢達里尼能量上升時，會先打開神之口，暗示著萬能創造力。

　　兩位女神會把巫師神的身體整合起來，圖特神會用安可法器的生命技術令巫師神復活，壺神（圖特與巴巴的化身）給祂開口儀式，教祂生命呼吸的祕密口訣。於是，巫師神變成與阿民日神一樣永生。巫師神的靈魂會變成老鷹，在天空飛翔。古埃及神話特別喜歡老鷹代表開悟的自由象徵。

　　巫師神的象徵是眼睛（慧眼）。我們要先喚醒尼伯西特與愛惜特女神，讓她們復活起來去喚醒松果體的慧眼，然後揚升到永生的高層意識境界。因此，節制牌其實是一種覺醒的號角。

星象：水瓶座

尼伯西特女神的星座是水瓶座，代表她會帶來神界的飲食「索瑪」甘露精油。古埃及人會為祖先與神，奉上精油、酒、香料與佳餚等供品。

對應的偉特牌：節制

傳統的塔羅牌裡，節制牌的畫面是一位天使拿來神界的飲食，讓我們享受人間天堂，這些象徵也包括煉金術的暗示。

在古埃及神圖塔羅牌，節制牌尼伯西特女神頭上的大碗裡面，可以裝備任何你想要的東西，她伸出雙手，拿著兩個小壺，供養飲食或索瑪甘露水，就像傳統塔羅牌中節制天使會用兩個瓶子把飲料倒來倒去。這也暗示談話與交換意見。

占卜舉例

Q 要怎麼維持健康狀況？

A 你目前要將生命能量動起來，當生命能量動起來之後，你自然能活化你自己。

高塔
Tower

特牡神（阿特牡）

古埃及 象形字	⌒ ◯ 🦅 🛷 👤
唸　法	Temu, Atem
字　義	全面、完成、人民宇宙創造者、祂的圖騰是一種橇

皇冠代表從頂輪突破到高我
（也就是「高塔」）

神的權杖代表至高修行
開悟的能量

高　塔
Tower

牌義

突破、突然的變化、爆炸、高潮

一個大爆炸，射出整個宇宙所有的物理現象與生命演化。就這樣的一剎那，完成了所有創造的過程。如果懷孕的過程是指塔羅牌中的倒吊人，那麼高塔這張牌就是男女做愛高潮時，男人射精讓女人的卵子受精，讓生命又創造了一個新起點。一個宇宙的大爆炸，或是射精的高潮，都是一個強大且有力的突破性能量。

當我們在生命事件會遇到瓶頸，必須面臨突破時，你必須勇敢往前走，創造出另一個新天地。往後退縮，或停留在原地，都已經不適合現在的你。

古埃及神祇：特牡（阿特牡）

特牡（Temu）或阿特牡（Atem）的意思為「完成」，也是「人」的意思。《聖經》的亞當（Adam）就是「阿特牡」（Atem）、卡巴拉中的亞當‧卡德門（Adam Qadmon）。特牡也是原子（atom）的意思。

在《吠陀經》（Veda）裡，是原人神我（Purusha），意指宇宙的日出、宇宙人。

象徵：皇冠、塔、爆炸、突破、突然的變化

高塔這張牌代表創造性的突破。你可以突破限制，創造新的可能性。相信你自己，一切都是可能的。

創造的過程就好像男人的射精一樣，從狂喜中噴出未來的意念種子到物理世界。我們創造小孩是如此，創造新發明也是如此。把性能量轉化成心靈開發，把海底輪的能量衝上來開啟頂輪，讓小我與高我連結溝通，如此一來，我們就能再生到永恆的光明。

古希伯來字母：ꌈ　英文字母：無相關字母

特牡的字母是ꌈ，名稱叫做TzaD，意思是宇宙開創時的大爆炸。就像塔羅高塔主牌上的高皇冠，在爆炸後的片刻會發生大閃光。

器官：高潮、精子

特牡神就是阿民日神的陽物勃起、高潮、射出精子的神像。祂主要的標誌是頭上頂著高大的皇冠。特牡神代表阿民日神從自己的身體中創造大爆炸，並從這爆炸射出來整個宇宙所有的物理現象與生命進化。就這樣，在一剎那完成了創造的過程。

特牡有完成的意思。特牡神（高塔）經常排在阿民日神（太陽）之後，在舒神（皇帝）與特婦女特女神（力量）之前。這樣的位置，很清楚顯示祂是一位創造神，而不是日落神。因為特牡神的名字圖騰 ，也是一種用來拉棺木的橇，因此，特牡神才開始跟生命的結束有關。

在古埃及神話中，特牡神用手淫的方式產生高潮，祂射出的精子變成宇宙的原始氫氣。在古埃及神圖塔羅牌裡，祂的圖像就像穿越祂的頂輪在射精一樣。這張牌在解牌時，代表突然的變化、突破，或是即將出現新的狀況。極樂的高潮也是一個新的突破。

特牡神提醒我們來到這世界的剎那是極樂的高潮，其實存在本身就是永恆無限的極樂高潮。我們沒有活在那樣的境界，是因為自我限制，困在自己的慣性裡面，局限於狹隘的生活。只有片刻的閃電高潮，偶爾會漏出來。

而且，對大部分人來說，除了性高潮以外，人們並不喜歡頂峰經驗。很多人甚至會感到害怕。其實，存在本身就是極樂的。

星座：射手座

特牡神的星座是射手座。祂提醒我們，要大膽的踏入變化，抓住機會，去體會它。這才是通往永恆無限的窗口。

很多塔羅牌專家誤解了高塔的字母與星座，他們經常選擇OaYN或PeH、天蠍或魔羯或火星，來代表高塔牌。我們需要回到最古老的古希伯來字母。祂的古希伯來字母 ꝯ（名稱叫做TzaD），顯示出高塔的傳統塔羅畫面，而且有射出的意思。牌上的閃電，還有箭頭，和射手座的占星學符號一樣。

對應的偉特牌：高塔

特牡神後來變成塔羅主牌的高塔牌。傳統塔羅牌中的高塔牌，上面一定有皇冠。這頂皇冠是由埃及式的皇冠，演變成歐洲式的皇冠。一般塔羅牌的高塔牌，顯示閃電從上方把塔上的皇冠擊掉了，就像高潮受孕的時候一樣。

卡巴拉認為，皇冠代表生命樹最上面皇冠圈的地位，就是瑜伽中讓亢達里尼生命能量往上衝，打開頂輪的象徵。也就是說，你這一生的生命，是從你父親使母親高潮受孕的時候開始。而從塔上掉下來的人，是指未來的胎兒。

占卜舉例	
Q	**想問現在這份工作的發展，是否需要轉換跑道？**
A	你可能要發展出與之前完全不同的新作法，甚至是轉換工作跑道，創造出一個嶄新的局面，迎接你未來的方向。

愚人
Fool

誇猴天鬧

古埃及象形字	 △ ～ ⌂ ○ ♀
唸　法	Qefetenu
字　義	很多種魔法

慧眼

屁眼

愚　人
Fool

牌義

天真、玩耍、空、瘋狂、自由
自在、無限制、開玩笑

看過純真的小孩跟一般大人最大的不同點嗎？當我們在這世界剛出生時，對我們來說，世界上所有的人事物都是一片空白。一般大人認為危險及瘋狂的事，小孩子願意去冒險，因為在小孩子的字典裡沒有危險，只有好奇及探索。在小孩子的眼裡，能滿足他們的好奇心，能抒發他們的活力，能啟動他們的原創力，才是他們真正想做的事情。

對小孩子來說，天真、自在、無所限制才是他們的本性。除非是被別人灌輸了限制性的教條，這些特質才會被限制住。

古埃及神祇：誇猴天鬧

（誇猴天鬧，Qefetenu）是一隻狗頭的狒狒，祂是圖特神與巴巴神很喜歡扮演的化身。

在古埃及畫像中，誇猴天鬧坐在天秤的指針秤舌上亂坑。因此，安普神無法正確讀出心臟的秤量結果。旁邊的圖特神看起來很有威嚴，但祂其實很有幽默感，喜歡變成自己的寵物，就是那調皮的猴猻。

在這副古埃及神圖塔羅牌上，誇猴天鬧手上的慧眼，是獻給安普神或圖特神。

埃及的狒狒猴有許多特質：牠們早晨的叫聲，像在崇拜太陽，唱歌、唸經。牠們是圖特的化身，是抄寫書記官的笑話，是「網」（月亮圖特）的隨從，在心靈權衡儀式中「服務」，用魔法捕捉人，祂們制服「阿倍普」大蟒蛇，很愛交配，守著死亡旅程的一些階段，和永生「變變石」也有關係（參見隱士牌）。

象徵：野蠻生活、玩耍、笑話、孫悟空、天真、空

埃及人很喜歡用雙關語的笑話來形容一些事情，喜歡用猴子般的行為來諷刺一個人的愚蠢。埃及人常常畫出猴子在崇拜太

陽，這可能是在嘲諷埃及人過分崇拜神。他們常常把猴子當作圖特神的化身，代表文字書法神，也是在嘲笑埃及的書記官常常亂抄寫經典，寫了太多錯字。

誇猴天鬧就像《西遊記》裡的孫悟空，圖特神的筆就是孫悟空的金箍棒。孫悟空從海底龍宮撈到的金箍棒，象徵著陽物。孫悟空跟圖特神一樣會變形，會變出一群猴子，會隨時把自己和其他名字，從死亡簿裡擦掉。

這猴子完全不接受社會規矩，也不怕危險，不在乎別人對祂的評斷。一般人聽不懂這猴子亂說的幽默笑話。這是誇猴天鬧變身的魔術，祂太瘋癲，以至於被一般遵守秩序的人們討厭。別人不敢做的行為，誇猴天鬧都敢去做。也許是祂太笨了，也許是祂完全信任天道會容忍所有的可能性。誇猴天鬧跨越了天秤的審判，鬧翻了天庭。

古希伯來字母： Ϙ　英文字母：Q

愚人的古希伯來字母是 Ϙ，名稱叫做 QoUPh，意思是猴子。埃及文 △〰〜◯ŏ（Qefetenu），△〜 Qefe 是「魔術力量」，而 ◯ŏ（tenu）或 〜ŏ（denu）是很多或有分量。△〰〜◯ŏ（Qefetenu）的意思是：這猴子有多樣化的魔術力量。猴子的尾巴像是我們搖來搖去的舌頭。

傻瓜說話很誇張或愚蠢，就像放屁一樣。在印度傳統中，祂是《吠陀經》裡的猴神「烏日喜可皮」（Vrishi Kapi）。在「羅摩衍那」（Ramayana）的故事裡，他是英雄羅摩（Rama）的好友哈努曼（Hanuman）猴神。羅摩，在埃及文裡是「像太陽」或「日的模樣」。

器官：舌頭

愚人的器官是舌頭。古希伯來字母 Ϙ，顯示嘴伸出舌頭的

樣子，又是像猴子的尾巴。舌頭可以舔到味道，會亂說話，能幫助你練氣功，也可以創出很多奇妙做愛的方法。

星象：天

愚人超越一切範圍，所以沒有辦法說他是屬於什麼星座。他完全遵守天意，而天沒有意見，什麼都可以接受。每天都是一天，每個星座也都是他。

對應的偉特牌：愚人

傳統塔羅牌中，愚人後面常出現一隻跟隨他的調皮小狗，那隻狗就是從誇猴天鬧演變而來。歐洲人把猴子當寵物的情況比較少，所以用小狗替代。也可以說那隻狗是誇猴天鬧的寵物：死亡神安普。

有些塔羅牌會把愚人畫得很倒楣，像流浪者或瘋子，褲子掉下來，露出屁股。偉特塔羅的愚人拿著一根棍棒，上面掛著一個皮包。這是他玩自己的生殖器與陰囊的象徵。皮包上有老鷹（bak），意思是「你的靈魂」，以及活路神的慧眼。愚人頭上戴著真理女神的紅羽毛，好像從頂輪伸出舌頭，跟太陽源頭高我與天空直接對話。誇猴天鬧提醒我們不要太嚴肅，也不要過度約束自己。生命是輕鬆好玩的，無須害怕死亡。如果像祂這樣愚笨的傢伙，都可以跳出生死、得到永生的話，那麼任何平凡人也都一定可以做得到。

| 占卜舉例 | **Q** | **如何增進我和伴侶之間的親密關係？** |
| | **A** | 既然你們已經在一起了，為什麼不創立有趣、好玩的親密關係呢？ |

審判
Judgment

產婆女神

古埃及象形字	
唸　法	Meskhent
字　義	產婆女神

— 產婦在生孩子

— 人頭鳥身（巴靈性）在陵墓上指的是出生小孩的靈魂

— 產婆女神美施產特

— 嬰兒的床

審　判
Judgment

牌義

決定、喚醒、新的開始

　　嬰兒出生時的第一個重大決定，就是要不要呼吸。如果你現在面對了一項重要的決定，不管結果如何，勇敢做決定，會讓你活起來。如果你遲遲不做決定的話，你會把源頭丟掉，把決定權交給別人，或隨波逐流。一旦你做出決定後，就會有一個新的開始。你將會為這個決定負起責任。

古埃及神祇：產婆女神

　　美施產特是產婆女神，她幫助兔兔、愛惜特女神或任何產婦生下孩子。

象徵：決定、新的開始、革新

　　這張塔羅牌的圖像，和《阿尼紙莎草書卷》的圖案一樣，產婆女神美施產特與保母女神仁恩奶特的前方上面，是嬰兒的「巴」靈魂。這裡「巴」的圖像是人頭鳥身。

　　埃及文 （tep，top），代表最主要的嬰兒在這世界的人生使命。鳥身在埃及文 （bak），是老鷹的意思，Ba是靈性，K代表你的；因此，ba-k是「你的靈魂」。老鷹也是活路神的象徵。後來猶太人可能把 Tep-Bak 變成 △ᕮꟼ Ϙ（Dybbuk），認為是一種神經病和鬼故事，因為當一個人開始做他的使命，恐怕已經「發瘋」了。一般人總認為，你要做你父母和社會觀念所指定的使命。一個人如果一直保持自己的生活想法，就是社會認定的不聽話的瘋子。

tep
主要

bak
英雄

tep-bak
靈魂

產婆女神是塔羅牌的審判。審判的意義，是要你決定你生命的主要目標。

古希伯來字母：ק　英文字母：R

產婦的古希伯來字母是 ק，名稱叫做 RAeSh，是頭或開始的意思。字母的形狀 ק，本來是指女人懷孕時的大肚子，與寶貝出生時頭先出現的意思，因此它象徵重要的決定與重要的開始。

器官：子宮

審判牌的器官是子宮。嬰兒出生時要做一個很大的決定，決定他要不要開始呼吸。在子宮裡，他可從母體獲得一切所需，可是一旦出生，他就要開始負責自己的生活。他的第一個步驟就是呼吸。一般人不太喜歡做決定，就像剛出生的嬰兒要被拍一拍，幫助他呼吸。

不做決定的人，等於不知不覺的放棄了生命的權利與自由，變得與死人差不多，就像住在棺材裡的屍體，不必做任何決定。一個人一旦做了決定以後，自然就會復活起來，去開創他未來的生命。

過去的陵墓進入了未來意識，變成現在的子宮，醞釀著未來的生命、未來的發展。任何我們刻意創造出來的念頭，多多少少都是一個新的創造，早晚會變成現實經驗。

把審判視為來自他方的決定，等於把自己的主宰權交給別人、神，或是外在的大自然環境等。當然我們可以這樣做，但往往悔不當初，來不及改變狀況。還是由自己做出決定，對自己的創造負起責任，會較為單純一點。

星象：牡羊座

　　審判的星座是很堅定的、甚至於固執的牡羊座。這樣固執、堅持決定的人，才能真正改變自己的世界。他把意志力推展到物理的領域，而不是只活在頭腦裡。審判牌中的象形字 ⌇ （獅子床）代表這個嬰兒未來會變成大英雄法老王，老鷹也暗示英雄活路神的廣大志向。

　　牡羊座的符號 ♈：皇后是卵巢；審判是子宮；女教宗是陰道。牡羊代表堅持所做的決定，直到達成目標。

對應的偉特牌：審判

　　審判這張塔羅牌的傳統畫面，很像《新約·啟示錄》所描述的世界末日審判，但它並不代表一般人所想像的意義。它表示當一個人有意識的做決定時，他才是真正活著的。你可以把一般的審判牌倒過來看，上面那吹奏喇叭的天使，就是產婆在幫助嬰兒從子宮裡出來的樣子。旁邊是父母親在歡迎新生的小孩來到世界上。

　　天使吹奏的喇叭本來是牡羊的角。直到今天猶太人，都會用Shofar羊角號來喚醒教會。

占卜舉例	Q	我想出國留學，但是下不定決心，請問留學對我是好是壞？
	A	不做決定，你會一直卡住，讓你心煩、有壓力。一旦決定後，無論結果如何，你都會有新的開始，為了這個新開始，你需要籌備一些需要做的事。

魔鬼
Devil

W

阿迷特（塞特）

古埃及象形字	
唸 法	Ammit, Setesh
字 義	阿迷特是吃死者的魔女（她特別喜歡吃人的不誠實之心）

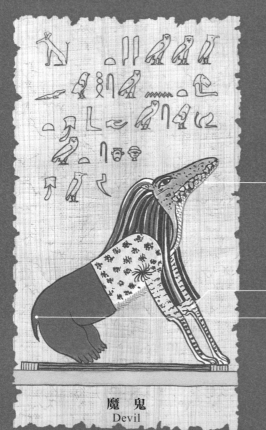

鱷魚頭

豹身

河馬尾

魔 鬼
Devil

牌義

上癮、卡住、欲望、矛盾、排斥

阿迷特是一個由各種動物合成的女性怪物。她的古希伯來文字母是牙齒的象形文字，卻代表整個消化系統。魔羯座的符號也是一個合成怪物。我們就是這樣的怪物，會整合許多不同的食物變成自己的身體。你需要整合什麼呢？

你在情緒卡住時，是在考驗你是否看清楚事情的真相，是否看清楚你自己內心的矛盾。

魔鬼其實是我們的好朋友。它考驗我們什麼時候解除這個固著的注意力，把自己從裡面釋放出來。

古埃及神祇：阿迷特（塞特）

阿迷特是一個由各種動物合成的女性怪物。她的頭是鱷魚，屁股是河馬，身體是豹（豹是巴巴的隱形化身），這三種動物是魔鬼塞特神的寵物好朋友。因此，阿迷特也可說是塞特神的寵物。她的名字說明了她的功能：am-mit 的意思就是「吃死者」。

象徵：消化功能、上癮、卡住

這張牌的左上角就是塞特的圖騰 ，很像一種奇怪騾子的樣子。

塞特殺了巫師神，祂很怕巫師神的兒子小活路神長大以後會找祂復仇，所以想要先害死祂，不要讓祂長大。

不過，阿迷特只能吃掉不誠實人的心，她常常在心臟旁邊等待，觀察心靈權衡儀式。她最適當的位置是靠近天秤的秤盤旁，等待著在適當的時機吃掉秤盤中的心臟。

古希伯來字母：Ｗ　英文字母：Ｓ

阿迷特（魔鬼）的古希伯來字母是 **Ｗ**，名稱叫做 ShiYN，是牙齒的意思。阿迷特這種妖怪混合了鱷魚、河馬、豹等動物，牠們都有很可怕的牙齒。

器官：牙齒、胃腸、消化系統

魔鬼牌展現一種混合的怪物，代表人的消化功能。牙齒是消化系統的初步階段，後面還連接著食道、胃、腸子，最後是肛門。肛門的旁邊是前列腺，那是塞特的家。塞特的名字是屁股或糞便，是消化過程的最後階段。

塞特掌握了生命能量的水龍頭。我們吃下很多各式各樣的食物，消化系統會分解食物，將養分吸收到細胞組織裡，把養分會變成身體的一部分。

塞特（前列腺）是身體的隱形太陽，祂的「頭」（前列腺）在人的肛門旁，與腦袋的松果體（巫師神）剛好相對。本能系統與性能，都被延髓主管著。

塞特（魔鬼）是我們的習慣與上癮模式的主人。一般來說，我們最容易在性行為與飲食習慣上癮。魔鬼其實是我們的好朋友，它天天跟我們在一起，提醒我們，隨時可以解脫不自主所產生的固著注意力，而釋放出無限的生命能量。

阿迷特也代表喜歡叛逆的少年精神。少年在成熟後，會悟出生命的整體性與叛逆的無效性。阿迷特的合成組織，暗示合作是最基本的生存狀態。

胃（魔鬼）與肝（戀人）有一種特別的關係，就像我們跟親密伴侶的關係一樣。你有沒有發現你在戀愛時最喜歡的他（戀人），結婚後卻變成你最討厭的人（魔鬼）。這些矛盾、排斥是從

古埃及神圖塔羅牌

哪裡來的呢？戀愛時，我們給出最誠摯的心；結婚後，兩人真實的顯現出個性，互相投射給對方，把責任丟給對方。這種互相倚賴的人際關係會考驗我們，是否會很容易把責任丟給周圍的人，而不願意承認他只是在投射自己的問題。

其實，你最討厭的敵人往往就是你最好的朋友。我們可以學習如何把所有的人生毒品（討厭、生氣、仇恨等負面情緒）全部消化掉。如果吃到最後，發現自己才是最詭計多端的自我騙子，我們會吃掉自己的心。

星象：魔羯座

在星座中，阿迷特是魔羯座。魔羯座的符號♑也是一個合成怪物：羊頭、蛇尾的妖怪。

對應的偉特牌：魔鬼

不同的畫家畫出不同的魔鬼。偉特的魔鬼很像歐洲的傳統想像，但還是保留那合成怪物的形狀。它的火把暗示消化的化學功能，它頭上的大星星代表塞特所占領的北極星，它的大石塊寶座是它的固執，它的鐵鍊代表讓你卡住的習慣與倚賴。它肚子上的水星符號提醒我們，它是消化系統的微妙煉金術士，也是圖特的另外一個祕密化身。

占卜舉例

Q 我的小孩進入青春期，很叛逆，請問要怎麼跟他相處？

A 讓他看清楚自己的矛盾，讓他為自己負起責任。

戀人
Lovers

兔兔（阿尼）

古埃及象形字	
唸　法	Tutu
字　義	戀人、太太、皇后、女神

書記官阿尼的戀人兔兔

書記官阿尼

嘩啷棒或叉鈴樂器，
用來淨化能量

戀　人
Lovers

牌義

做愛、感情、伴侶、投射

在埃及文裡，⬚══🐦══🐦（Tutu）是你或妳的意思。英文變成thou。古埃及人都希望死者會變成巫師神，享受永生。

當你說出「我」這個字時，你已經和別人及世界分離了，認為別人、世界都不是我。其實，最可以接近我的是：親愛的你。

古埃及神祇：兔兔（阿尼）

兔兔（Tutu）與阿尼（Ani）是一對古埃及夫妻的人名。兔兔與阿尼在一起，成為塔羅牌的戀人。其他主牌的古埃及神祇都是神，只有戀人牌的神祇曾是人，他們透過戀愛而變成為神。

歷史上的阿尼，在古埃及時是個書記官與書法家，他專門記錄神廟與朝廷的事件與交易公文，包括抄寫《開悟經》。他的妻子兔兔是阿民日神與母愛女神母特神廟的女祭祀與歌舞女。她在牌卡上，手上拿著母愛女神母特最重視的叉鈴樂器。

他們夫妻做愛時的狂喜，會打開一扇窗戶，到極樂的天堂仙境。一個想投胎入世的靈魂將會落入兔兔的子宮，讓兔兔懷孕。

理想標準的戀人，總是巫師神與愛惜特女神的化身。

象徵：做愛、感情、投射、伴侶

《開悟經》的不同版本畫出了不同的戀人。古埃及人很浪漫，也很重視長期穩定的家庭生活。當古埃及人買一卷《開悟經》時，書記官會把他和妻子的名字填寫進去，這本書將是你家的寶貝收藏，最後會把這本書放進你的陵墓裡，讓你們永遠閱讀玩味。

古埃及人的理想戀人，不只是享受性生活的歡愉，而是一對夫妻充滿浪漫的永恆鍾愛，全家族老幼主僕一起共享豐盛與健康。他們年年參加節日慶典，與神群一同生活。

古希伯來字母：Χ　英文字母：T

戀人的字母是Χ，名稱叫做TaV。這個字母的十字或叉形，就是現代 T 字母的祖先，古希伯來文的 ΧΧ，就是兔兔（Tutu）或圖特（Thoth）的拼法，意思為「在下者」。

Χ是古希伯來文裡最後一個字母，也是神圖占卜棋盤上最後一個方塊。也可以倒過來看，變成第一個方塊，因為結束就是新的開始。它代表永恆。

器官：肝

在人的身體裡，代表的器官是肝臟。肝臟有排毒的作用，可以淨化血液，肝經上通到心輪，下通到性器官與大腿內側。古人早就知道肝與感情有關，因此「心肝」一詞是甜心戀人的暱稱。

如果你像展翼鷹站起來，肝正好在你身體的當中。

肝（戀人）與胃（魔鬼）是一對好朋友，互相合作，保持血液中的養分正常供應給全身的細胞。

星象：雙子座

古希伯來字母Χ（TaV）是雙胞胎（TAUM）的意思，也是指雙子座。意思是你可以創造出一些好玩的人際關係。

對應的偉特牌：戀人

不同版本的歐洲塔羅牌，對戀人牌有不同的畫法。從畫家設計的畫面，我們可以了解他們對戀人的看法。偉特的戀人牌，顯示裸體的亞當與夏娃在伊甸園裡，上面是大太陽天使。亞當後面的樹是生命樹，夏娃後面的樹則是善惡之樹，樹上有蛇。這個畫面與戀愛沒有太多關係，主要題目是「選擇」。

　　其他塔羅的戀人牌畫面，有時會顯示一個男人與兩個女人，男人好像要選擇他的戀愛對象。這張主牌就像肝的功能一樣，叫你從幾個選項中選擇你喜歡的。有的版本會有一位天使在射箭，誰中了箭，就會愛上他第一眼所看到的人。

占卜舉例

Q 我和男朋友會不會結婚？

A 你需要先把兩人的感情建立好，再談結婚。

16張宮廷牌
與40張小牌
牌義說明與解讀

十六張宮廷牌，前八張有每一張宮廷牌的塔羅名稱；代表的古埃及神祇名稱、古埃及象形字、唸法與字義；牌卡圖形中重要圖騰的意義和象徵；這張牌的主要牌義和說明；這位古埃及神祇的神話與相關解說。後八張脈輪牌，以及四十張小牌，則列出塔羅名稱、古埃及意義；古埃及象形字、唸法與字義；牌卡圖形中重要圖騰的意義和象徵；這張牌的主要牌義和說明；以及占卜舉例。

塔羅名稱　　　　　　　　　　　　　說明文字

宮廷牌名：聖杯（蓮花）騎士

名字
Name Body

古埃及象形
字、唸法與
字義

古埃及象形字	
唸法	Ren
字義	名字身、名字、第五脈輪（喉輪）

主要牌義

牌義

表達、溝通、說話、分享

牌卡圖形中
重要圖騰和
意義象徵

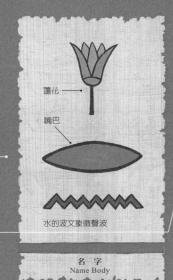

蓮化

嘴巴

水的波文象徵聲波

名字
Name Body

占卜舉例

名字 是第五脈輪，是自我形象的名字與說話、溝通的能力；你的名字跟你的自我形象有密切關係。這位靈性騎士提醒你，看清楚你的人生使命，然後開始表達你要分享給世人的訊息。

將自我的心境想法表達出來，這是你真實的自我形象。這自我形象跟你的名字息息相關，因為你名字所代表的真意，是名字的意涵所帶給你的目標、使命。

當人們喊到你的名字時，你自然會立刻回應。你在回應時，喚醒你個人的特質、象徵，當時的意識集中起來了。

占卜舉例

Q 我與女朋友的相處情況？有什麼需要注意的？

A 你會聽見她一直叫你的名字，要你為她做這個、做那個，她一直跟你說很多話。最重要的是，多傾聽她。

水王
King of Water

北方神

古埃及象形字	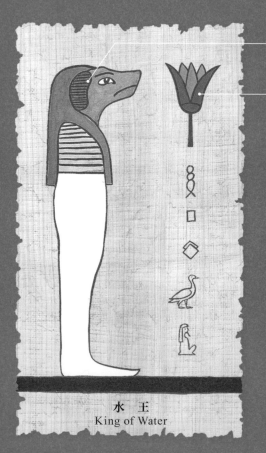
唸　法	Hepy
字　義	隱藏、水神、北方神；也與尼羅河有關

水王是狗頭的猴子

蓮花代表水元素，也是紅心（聖杯）的符號

水　王
King of Water

牌義

慈悲、包容、快樂、喜愛

快樂是什麼？要如何找到它？人的一生之中難免都有痛苦、難過。我們總是期待人生只有快樂，不要痛苦。但對水王來說，快樂和痛苦像大海一樣，什麼都慈悲的包容進來。如果排斥悲傷、痛苦、難過等負面情緒，會變成暫時的掩蓋它們而已。我們常常會問：一個人的天賦或使命是什麼？其實只要從自己最高興、最喜愛做的事情找起，就會看見答案了。

古埃及神祇：河匹，哈阿杯

水王是聖杯國王  （河匹，Hepy），祂跟誇猴天鬧一樣，都是一隻狗臉的猴子。水王主管小腸與北方。對埃及來講，北方是地中海的大聖杯，天上的北斗是塞特奪取的宮廷，而河匹帶有一點誇猴天鬧的快樂精神，讓那冷酷的地方感覺不會太嚴肅。

河匹也跟尼羅河神「哈阿杯」（Ha'api）有關。由南往北流的尼羅河，定期的氾濫，除了讓尼羅河三角洲的土地變肥沃之外，也讓埃及人的生活豐富健康。聖杯國王的古埃及符號是蓮花，這代表心靈的慈悲精神到處播灑芬芳。

在神圖占卜棋盤板上，水王位於第二排神祇之中，祂的上方是頭戴瓶子的星空女神女特（星星），下方則是「隱士」牌，圖中是裝著心臟的甕。心臟是負責運送血液的器官，血液傳承著血脈，可以延續後裔，讓子孫變成跟女特女神在天空銀河中的星群一樣多。所以從你的「心」開始，經由「水王的快樂精神，往上發展延續像「星星」一樣多的子孫後裔。

占卜舉例

Q 我的兒子步入青春期，變得很叛逆，請問如何管教他？

A 給出你的愛，讓他做自己最高興的事，不過，也要讓他清楚必須對自己的選擇負起責任。

土王
King of Earth

東方神

古埃及象形字	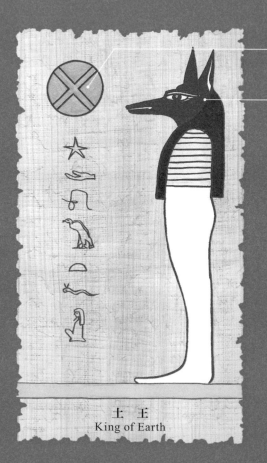
唸　法	Dewamut-f, Dewa
字　義	東方神；他崇拜他母親

城市代表價值，屬於土元素

胡狼頭像死亡神的頭

土　王
King of Earth

牌義

理財能力強、物質豐富、穩定又安全、固定而保守

在沒有錢幣的原始社會，都是以物易物，後來才由錢幣、紙鈔代替。我們發現財富豐富的人，知道真正的價值是什麼，並且掌握價值。他的說服力很強，讓其他人相信他所認定的價值，所以他的價值變成了財富。錢是價值的交換物。知道真正價值的人，懂得最棒的價值觀與這物質世界的互動關係，就會換取到物質上的豐富。雖然物質宇宙的東西是「死的」，但它卻會讓你感覺穩定，又安全的擁有它。

古埃及神祇：德我母特夫

土王是錢幣國王德我母特夫，祂跟死亡神安普一樣，有顆胡狼的頭。土王主管東方。在神圖占卜棋盤上，祂的位置在蓋布神（世界）之下與骰神（命運之輪）之上。土王掌握物質上的豐富，但也暗示這些物品是「死的」。在傳統塔羅牌中，錢幣國王的象徵是黃金圓幣。而古埃及的圓盤 ⊗ 代表城市或縣，市場通常在那裡。

古埃及文 ✦ ～ ♌ 🦅 ⌒（Dewamut-f）是指黎明日出；在埃及的炎熱天氣中，日出時是耕地的好時間。東方也是日出的方向，德我母特夫提醒我們：要努力耕地才會有具體收穫。還有一個祕密：德我母特夫知道物質是「死的」，所以祂不排斥死亡，還用了死亡神安普的頭（胡狼）為象徵。

這張牌有另一個祕密雙關語：✦ 👤（Dewa）有讚揚的意思，🦅（mut）也是母特女神，～（-f）是「他的」，合起來意指：德我母特夫讚揚祂的母親母特女神（皇后牌）。德我母特夫保護著肺，也幫助死亡神安普照顧看管著心臟。

占卜舉例

Q 我想要知道怎樣才能有升遷到經理的職位？

A 在你的工作單位裡，你要掌握最有價值的東西。

火王
King of Fire

南方神

古埃及象形字	
唸　法	Ameset
字　義	南方神；起火鑽子、注意力

火鑽代表權杖，屬於火元素

火　王
King of Fire

牌義

行動力強、很有熱情、技術、工作表現

　　掌握火能量的人是積極、有能力的，性欲強、火氣旺盛。他們會是很典型又成功的頂尖銷售人員，工作表現突出。權杖代表火元素，火是個強而有力的能量，能執行實踐，將內心的熱火轉化成實際的行動。當你有計畫要執行時，想要擁有火王的能量，是成功所需的。火鑽代表技術。

古埃及神祇：默曬特

　　火王是權杖國王 ⬚（默曬它，Meseta）或 𓄿𓅃𓊪𓏏𓀀（阿默曬它，Ameset），祂的名字就是「起火」的意思。

　　⬚是畫家的調色盤，有時候代表默曬它的名字。火王的頭是一般人的形態。火王主管南方，保護胃與大腸。

　　在神圖占卜棋盤上，祂在特婦女特女神（力量）與誇猴天鬧（愚人）的中間。特婦女特女神的手指是她的魔術棒，誇猴天鬧有另外一根魔術棒。火王的標誌是起火鑽。

　Q 想要懷孕，遲遲沒有好消息，請問有沒有懷孕的機會？

　A 妳要積極採取任何可以幫妳懷孕的行動。

風王
King of Air

西方神

古埃及象形字	
唸 法	Qebehusenu-f, Qebe-hu
字 義	西方神；他的兄弟們很涼爽、天空是他的兄弟們

老鷹頭像活路神

羽毛代表寶劍，屬於風元素

風　王
King of Air

牌義

聰明智慧、活在當下、決定力、聆聽直覺、思考力強、西方神

当你在战场的先锋位置上，面对所有的乱象、纷争，并没有时间让你去思考，你须当下聆听直觉，做出决定，才能让你胜利。

在古埃及时，人们用羽毛或鸟来代表气。而思考的物理表现也是气，所以羽毛也用来代表思考、智慧。

印第安人喜欢用羽毛来代表他们的地位。酋长会在头上戴上更多羽毛头冠，意指他是一个聪明智慧、有决断能力的领袖。

古埃及神祇：克布色弩夫

克布色弩夫是塔罗的宝剑国王，祂有老鹰的头，名字的解释为「大空是他的兄弟们」。 （Qebe-hu）另一个解释是「凉快」。风王主管西方，保护著肝与胆。

在神图占卜棋盘上，风王站在活路神（战车）与塞特神的宠物魔女神阿迷特（魔鬼）之间。克布色弩夫的羽毛，后来变成活路神跟塞特决斗时所挥舞的宝剑。

祂管理收割与反省的过程。祂主要提醒我们理性的祕密是：「武士在战场上来不及思考太多，因此要活在当下、聆听直觉，才能致胜。」

占卜舉例	**Q**	**我現在的健康有什麼需要注意的嗎？**
	A	你在生活中有一些事情，需要你做出重大的決定，而這決定將會影響你的健康。

味覺
Taste

壺神

古埃及象形字	
唸　法	Hew
字　義	味覺（與嗅覺）神、啟蒙權威神

祭司給人們亢達里尼的真言發音，幫忙他們開啟智慧

左手拿「巫耳嘿卡」魔術棒，傳遞神咒

古埃及祭司在入門的啟蒙儀式時，會身穿豹子皮

右手拿聖杯來灌水

味　覺
Taste

牌義

啟蒙、開啟、傳承

有一個很古老的儀式，是當你要學一門學問時，要先謝拜老師，給出敬意及謝意，感謝因有他們的傳承，我們才有機會學習。當謝拜完後，就是入門儀式。一旦入門後，你就進入學習的領域，開啟了你的大門，準備迎接新的啟發。

味覺是感覺系統判斷的開始。當我們開始吃某種食物時，已經進入體驗食物的領域，接著才是進入食道、胃、腸道，中和消化及轉化成為身體所需的能量。學習過程也是如此。從舌頭只有五種味覺感知，擴展到嗅覺的幾萬種味道，真是代表一個很大的啟蒙。嗅覺與吸氣有關係，這是呼吸的開始，嬰兒初生時的第一個主要動作是開始呼吸，而且一定要先清理口腔與鼻腔，把舌頭往前勾，才可以開始呼吸。

古埃及神祇：壺神

味覺神壺神是聖杯修行者。◟◞（壺，Hew）是哲壺帝的簡稱，也是哲壺帝的祕密名字。壺是吉薩人面獅身的名字。壺神代表味覺和嗅覺，祂的象徵是大象的長牙。味覺神與牙齒（魔鬼）、舌頭（愚人）與嘴巴（節制）有關係。味覺的開始是舌頭的觸覺，舌頭能感覺到五種味道，嗅覺是透過呼吸而發明的進階式觸覺。鼻腔裡開始接觸與感覺到空氣裡的隱型微粒子，增強辨識能力。味覺透過嗅覺的辨識能力，會增強很多。

在神圖占卜棋盤上，壺神的位置在兔兔（戀人）的上面、尼伯西特女神（節制）的下面。祂的右邊是象徵嬰兒的倒吊人，鼓勵、喚醒潛意識的愛，傳達給世人聽。

占卜舉例

Q 我現在生活遇到了瓶頸，請問如何突破？

A 你可以去找一位老師，學習一種新的技術。

觸覺
Touch

薩神

古埃及象形字	
唸　法	Sa*a*
字　義	觸覺神、接觸到具體世界、智慧神

古埃及的城市符號，代表價值

手圖騰象徵觸覺

觸　覺
Touch

牌義

真實的接觸、活在當下、體驗

觸覺是最原始的感覺，而且它很真實。很多人說要賺大錢、找到伴侶、有一份好工作……後來還是懸在那裡？

各種事情剛開始時，你都要親身接觸，實際的了解，才會有後續的發展。空談無濟於事。錢幣修行者是保護、管理最有價值的東西的人。最有價值的東西是在你真實世界裡。當你非常實際的了解它、掌握它，你就能真正擁有它。

古埃及神祇：薩神

⊠ 薩神是錢幣修行者。在古埃及神話中，薩神是壺神的好伴侶與雙胞兄弟，代表觸覺。祂會站在產婦旁邊，準備歡迎嬰兒誕生，開始接觸世界。祂也是呼吸中的吐氣。等到壺神清潔了嘴與鼻，薩神會用手掌輕拍腳底的湧泉穴，這樣剛生出來的嬰兒才會開始自行呼吸與吸奶。在神圖塔羅棋盤上，薩神的位置是在母特女神（皇后）之下，在保母女神仁恩奶特之上。薩神的左邊是象徵胎兒期的活路神（倒吊人），薩神也在產婆女神美施產特（審判）的右上方。薩神代表智慧與責任感。

觸覺本來只是物體互相碰撞的現象，辨識成分與形狀的不同，讓原始生命體選擇創造較複雜的結構。這是經驗的發展與進化的開始。薩神是真理女神瑪阿特的祕密化身，祂代表觸覺、吐氣與經驗的過程。

古希伯來文裡把 ⌣ （壺）和 ⊠ （薩），兩位神祇合併起來成為 Hush，意思是感覺。壺與薩合作產生呼吸的循環是最簡單的氣功，刻意的調息會把注意力帶到當下。

占卜舉例

Q 我想要找到靈魂伴侶，請問有什麼方法可以幫助我？

A 你可以多參加活動、多與人接觸、多製造機會，然後實際的深入了解，才能掌握狀況。

視覺
Sight

瑪阿神

古埃及象形字	
唸　法	*Maa*
字　義	視覺神、看見

展開慧眼

視　覺
Sight

牌義

看清楚、開發慧眼

你有看過老鷹或是貓的眼睛嗎？集中，而且光亮。這是火（權杖）的能量。打開慧眼的人，有很豐富的直覺力、生命能量，而且對生命充滿熱情。看清楚，不只是仔細的看，或是看到表面而已，更是要全面性的，並且以直覺去看。學會如何超越幻相，看見真相，讓眼睛成為看清楚事情的工具，而不是障礙。

視覺是最細微的感知功能，藉由感知到空中的光，才能看見。光不需要任何媒介，就可以傳輸到無限的真空。

古埃及神祇：瑪阿神

視覺瑪阿神 （Maa）是權杖（火鑽）的修行者。祂代表慧眼開了，一切都會看得很清楚。祂與真理女神（止義）有很深的關係。視覺神的位置是在巫師神的左邊（前面），可以讓巫師神藉由瑪阿神往前看得更光亮。瑪阿神的前面是火王，前面的上方是特婦女特女神（力量）的陽光。

占卜舉例

Q 不滿意現在的居住環境，想要搬家，請問該怎麼尋覓適合的住家？

A 多去外面走走，時常注意環境，打開眼界，仔細觀察朋友的住宅，會幫助你找到更適合的住家。

聽覺
Hearing

斯哲牡神

古埃及象形字	
唸　法	Sejem
字　義	聽覺神

—— 開起內心的聽覺

聽　覺
Hearing

牌義

聆聽內心聲音、單提一念

耳朵是最適合讓你迅速回到生命源頭的感官。眼睛只能看見前面的情景，不過耳朵卻可以幫我們聆聽四面八方。我們非常需要耳朵，讓我們聽見聲音。

從心理角度來看，當我們遇到問題時，你要聽見自己內心真正的聲音。

嬰兒在母親的子宮裡時，除了靠臍帶生存外，他聆聽著母親心靈的聲音，跟母親的心靈連結在一起。傾聽內在心靈的聲音，跟自己的內在小孩連結。

古埃及神祇：斯哲牡神

🖋（斯哲牡）是寶劍（羽毛）修行者。祂特別主持靜坐，也代表大法官在聆聽審問，所以偉特牌的寶劍王后表達審問的精神，她的寶劍直指天上，與正義女神一樣。

在神圖棋盤上，聽覺神斯哲牡在巫師神（魔術師）的右邊（後面）。祂的位置，上面是阿民日神（太陽），下面是圖特神（教宗）。

占卜舉例

Q 我一直找不到工作，請問該怎麼做？

A 開始多與人聊天，聆聽他們在說些什麼，然後再聽聽自己真正的聲音，與之連結，可能就會有工作機會出現。

名字
Name Body

古埃及 象形字	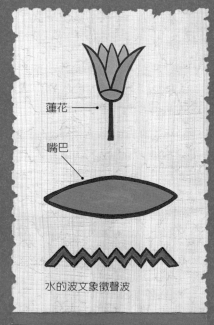
唸 法	Ren
字 義	名字身、名字、第五脈輪 （喉輪）

牌義

表達、溝通、說話、分享

名字 〰〰 是第五脈輪，是自我形象的名字與說話、溝通的能力；你的名字跟你的自我形象有密切關係。這位靈性騎士提醒你，看清楚你的人生使命，然後開始表達你要分享給世人的訊息。

將自我的心境想法表達出來，這是你真實的自我形象。這自我形象跟你的名字息息相關，因為你名字所代表的真意，是名字的意涵所帶給你的目標、使命。

當人們喊到你的名字時，你自然會立刻回應。你在回應時，喚醒你個人的特質、象徵，當時的意識集中起來了。

蓮花

嘴巴

水的波文象徵聲波

名 字
Name Body

占卜舉例

Q 我與女朋友的相處情況？有什麼需要注意的？

A 你會聽見她一直叫你的名字，要你為她做這個、做那個，她一直跟你說很多話。最重要的是，多傾聽她。

陰身
Shadow Body

古埃及 象形字	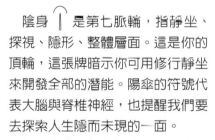
唸　法	Khaybet
字　義	陰身、閉目靜心、綜合、第七脈論（頂輪）

古埃及
「陽傘」符號

陰　身
Shadow Body

牌義

靜坐、隱形、擴展、綜合、歸納、掌握、與高我連接

陰身 是第七脈輪，指靜坐、探視、隱形、整體層面。這是你的頂輪，這張牌暗示你可用修行靜坐來開發全部的潛能。陽傘的符號代表大腦與脊椎神經，也提醒我們要去探索人生隱而未現的一面。

如果你將手放在燈光下，你會看到手的影子在下方。假設影子就是你的雜念，那麼上方的燈光就是你的光圈（高我），手掌握了影子的動作。影子其實並不是真實、具體的東西。

在你靜坐時閉上眼睛，你會看到很多雜念的畫面或想法，如同你的手影，而靜坐是為了讓我們消除雜念的干擾、緊張與壓力，讓我們內心平靜下來，更能擴展能量，提升到與第八脈輪「高我」（Higher Self）的光結合。

占卜舉例

Q 如何發展事業？

A 原先的運作已讓你看不到遠景了。你可能要擴展，往更寬廣的領域發展。不防先靜心一會兒，讓創意自然浮現。

氣身
Prana Body

古埃及象形字	
唸 法	B*a*
字 義	氣身、靈魂、思考、呼吸、第六脈輪（眉間輪）

牌義

思考、計畫、信念、雜念

氣身 是第六脈輪，指呼吸、思考、想像、氣質。開啟這個脈輪之後，第八脈輪「高我」會透過肉眼與松果體的合作，變成你的慧眼。它將會看到很遠的地方，也可以透過想像力去探索別的世界。它的基礎是呼吸，因此練習「生命氣功」（pranayama）可以幫你打開慧眼。

有烏雲遮蔽時，就看不到清晰明亮的天空；心靈蒙上一層灰，也會讓人看不清楚真相。當你清楚、清晰的思考時，你會有下定決心，走向目標，所謂「慧劍斬情絲」的「情」，要斷除的是「情緒」，也就是請你清掃情緒雜念的時候。

古埃及用這個圖騰代表隱私的自我，在靈魂面具之內的你、掌握思考與呼吸

氣 身
Prana Body

占卜舉例

Q 我要選填哪一個志願？

A 你或許被許多表象或是別人的意見混淆了。你需要清掃你的情緒、雜念，清晰明亮的思考，然後再去行動。

心靈
Heart Body

古埃及 象形字	
唸　法	Ab
字　義	心臟、心靈、良心、慈悲、 愛心、第四脈輪（心輪）

牌義

敞開心靈

放心臟的
陶甕

開悟的
本無鳥

心　靈
Heart Body

　　心靈 是第四脈輪的物我平衡與穩定能力，它也是身體的上、下半部的太極樞紐。這位靈性騎士提醒我們，心靈要誠實。

　　我們展開行動時，雖然是用我們的雙腳來走動，但真正啓動你的卻是你的心。

　　古埃及人將木乃伊的心臟放在陶甕裡，陶甕外面有時畫隻本無鳥，意思是說你的心要打開來，你的心是開悟的核心。權杖騎士是個擁有火熱的心，用火熱的心展開行動的人。

占卜舉例

Q 我要怎麼展現自己的個性？

A 你要把自己火熱的心表現出來。

化學身
Chemical Body

古埃及 象形字	
唸　法	Sekhem
字　義	化學身、消化功能、自我形象、 意志、第三脈輪（太陽神經叢）

牌義

學習、探索、自我形象、消化功能、勇氣或害怕

鏡子讓你看到珍貴自己

獅子頭代表自我強大的意志

化學身
Chemical Body

化學身 是第三脈輪，是自我生命的消化功能。這位侍從提醒我們，不要害怕去探索未知。它的另一個象徵是一種可發出格格聲的樂器，也是一種指揮權杖，可讓你去除恐懼、展現力量。有時古埃及人會用它來壓平紙莎草書卷。會幫助設定你自我形象的核心要求與渴望。

第三脈輪太陽神經叢的位置，是個人自我權威表現的地方。當你面對從未經歷過的新事物時，它會在你第三脈輪裡產生情緒，如同化學變化一樣。此時是你要開始探索這化學變化的能量，看你能學習到什麼。

占卜舉例

Q 我想轉換跑道，離開現在的工作，轉行當老師會如何？

A 對你來說這是完全新的探索，可能會產生情緒反應，你要從裡面去學習一些功課。

電身
Electrical Body

古埃及象形字	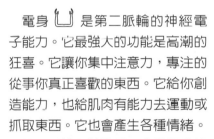
唸 法	*Ka*
字 義	電能、第二脈輪（臍輪）

牌義

啓動生命能量、活力、電能、第二脈輪

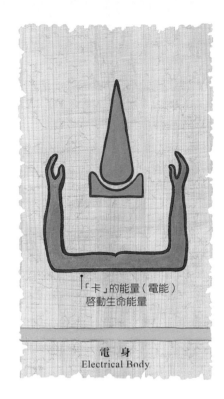

「卡」的能量（電能）
啓動生命能量

電　身
Electrical Body

電身 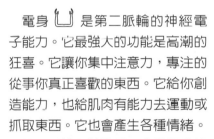 是第二脈輪的神經電子能力。它最強大的功能是高潮的狂喜。它讓你集中注意力，專注的從事你真正喜歡的東西。它給你創造能力，也給肌肉有能力去運動或抓取東西。它也會產生各種情緒。

第二脈輪是性能量，也就是我們所謂生命能量的地方。我們每個人皆由「性」的結合而來，它是我們的起點，是個喜樂、強大能量的引發點。

如果我們是由此而來的話，那麼你會把這股能量保留到哪裡去呢？這寶貴的能量是你給自己最大的禮物。透過它，你的生命會充滿活力、生活會很豐富、身體會很健康。我們的身體就像一間發電廠，身上的每一個細胞都充滿電能，這電能是你和光的連接線。

占卜舉例

Q 我與同事在相處上有些不愉快，讓我不太開心，應該怎麼處理？

A 你可能忘記你之前是如何愉快的生活著。恢復你的活力，發揮熱情的生命能量，你的負面能量就會被熱火燒掉。

肉身
Physical Body

古埃及象形字	
唸 法	Kh*at*
字 義	肉身、肚子、第一脈輪（海底輪）

牌義

彈性、肉體、屍體、海底輪

肉身 是第一脈輪，肉體的存在能力。讓你的身體享受快樂，才是健康的生活方式。魚符號彎曲的樣子，提醒我們要讓肉體運動，印度的哈達瑜伽（Hatha-yoga）體位法，可讓身體保持柔軟彎曲的功能。

海底輪是指讓我們存活於世界上的基本生存能力。這個肉身是你來到這世界的媒介，所以鍛鍊你的肉身讓它富有彈性，是提升自己的基本條件。

對你來說，這個世界最好玩的玩具就是你自己的身體。你要對自己的身體好好的玩味、鍛鍊，讓它成為有價值的寶藏。身體是讓你探索世界的主要工具。

古埃及「身軀」的圖騰

肉 身
Physical Body

占卜舉例

Q 如何改善我的健康狀況？

A 要多運動，尤其可以做瑜伽體位，改善健康。

陽身
Light Body

古埃及象形字	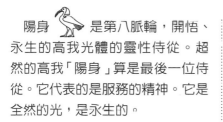
唸　法	A*a*kh
字　義	陽身、光體、永生的靈性、第八脈輪（高我）

牌義

光體、服務、存在

古埃及「光體」圖騰

陽　身
Light Body

　　陽身 是第八脈輪，開悟、永生的高我光體的靈性侍從。超然的高我「陽身」算是最後一位侍從。它代表的是服務的精神。它是全然的光，是永生的。

　　光永遠存在。即使是來自最遙遠的恆星的光，當它的光來到地球時，依然是新鮮的，既不會累，也不會老化。光體開發你自由自在永生的高我。它是隱藏在每一樣物體裡的純光本性能量。光體都是玻色子（Boson）的性質：意思是互信、互助、互補、互通，永遠自由自在的遊樂與關照一切。

　　開悟永生的光體是純粹的存在，它就像一位全然提供服務的侍從一樣。

　　一位侍從會為他的上司打理事務，幫助上司處理事情，幫助上司完成任務。它全然的奉獻，永遠活在光裡。

占卜舉例

Q 我快要退休了，對於退休的生活有些徬徨，請問怎麼安排退休生活？

A 所謂的「退休」只是你表面上職務的休息。只要你願意提供服務，你真正的光永遠存在。

小牌名：蓮花（聖杯）一

愛
Love

古埃及 象形字	
唸　法	Mu
字　義	水、可能性、覺識、愛

牌義

愛、感情、水、可能性、覺識

蓮花

水

愛
Love

〰〰〰 是水的元素，它代表宇宙的隱形能量，充滿了無限的可能性。在古埃及神話中，太陽神是從一個無限大的能量海洋誕生出來的。這是宇宙的爆發性開始，變成溫柔的日出。

這代表第一個念頭從無邊覺識海裡誕生了，這念頭就像是一朵蓮花在綻放。在傳統的塔羅牌中，這朵蓮花變成聖杯。這原始創作的特質就是無條件的愛。它作為自己而存在著，也完全接受一切別的存在物。就像水一樣，能夠接受任何容器的形狀，也可以改變自己的形狀。這張牌象徵無條件的愛，接受一切的可能性。

當我們喜歡一個東西時，我們做出一個選擇，珍惜、愛護它，付出愛，隨時照顧它。我們只有付出，不會要求任何回報。真的喜歡一個人也是如此。這份愛就像水一樣，接受包容任何東西，也可以隨時為他做出任何改變。水也是生命體的本質。

占卜舉例

Q 我前幾天認識了一名男生朋友，想問我們之間有沒有發展的機會？

A 你們兩人之間有很多契合的地方，如果你們彼此都願意付出情感，這將會是一段新戀情的開始。

小牌名：蓮花（聖杯）二

欣賞
Appreciation

古埃及象形字	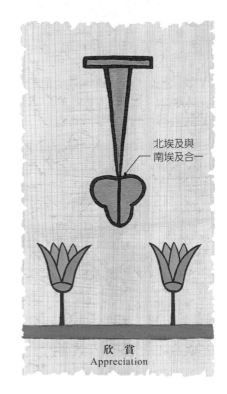
唸　　法	Sema
字　　義	平衡、合一

牌義

雙方平衡、合一、交流

北埃及與
南埃及合一

欣　賞
Appreciation

　　宇宙創造的過程會將整體分裂了，這個分裂並不是壞事，這樣我們才可以遇到一個「不是我」的物體、人或任何經驗。既然整體已經分裂了，就會開始產生關係。關係是探索回到整體的路線。代表回到整體與平衡的路，這個親密會合的符號抽象，顯示性器官的交合。

　　男女關係是最基本的人際關係，而最基本、最親密的男女關係是性方面的交合。不過，這裡提醒我們：任何關係的背後必須有那原始整體的愛的能量，但未必與性有關。當兩個人開始會合的時候，要探索那份愛的最適當表現。這將會決定那份關係的未來發展。

　　宇宙剛開始是一個整體，後來分裂為二、四、八……我們在整合，探索回到「一」的路上，需要有愛的能量。

　　如果兩個人互相討論成就一件事情時，把各自的心情提出來交流，而且彼此欣賞，最後的結果一定會合一的。

占卜舉例

Q 我和一位朋友想要一起合夥，不知道這樣的關係適合嗎？

A 你們是能夠互相交換意見、互相欣賞，以及共同達成目標的夥伴。

協議
Agreement

古埃及象形字	△
唸　法	Mer, Ben-ben
字　義	穩定關係、金字塔本石：頂端、統一

牌義

穩定關係、金字塔、協議

金字塔頂端 — 本本石

協　議
Agreement

古埃及人用水，使金字塔的巨石角度與位置對齊。水上載運物體時，一定要堆成金字塔的形狀，才能保持重量的平衡。金字塔是有三角形的幾何。在三度空間裡，正規的四面體是最容易穩定的物體。正規八面體的一半會產生一個五面體金字塔，埃及的大金字塔是這樣的五面體。不過，大金字塔不是正式的半個八面體，它比較矮一些。

三角關係比雙方關係看起來複雜，等於把注意力分散。但如果能確實達成協議，可以變成站得最穩的固體。

蓮花三的主要意義是結盟，結盟是建立比較複雜關係的基礎。男女戀愛後，結婚生子，這第三位成員會讓家庭生活變得較為複雜，但孩子也是愛的理想表現對象。

從物理角度來看，金字塔是最穩定的結構體；以金字塔代表的蓮花三，是穩定的心情或關係。協議的意思，是指每個人都有共同的支持與認知，沒有任何一個人是委屈求全、附合、或是聽從多數的。這樣的協議有公平核心的觀念，因而能穩固，不容易動搖。

占卜舉例

Q 我住的社區有改建的計畫，請問會成功嗎？

A 屋主、建商要協議好，不是一方委屈求全、附合，這樣的社區改建計畫可以彼此雙贏。

小牌名：蓮花（聖杯）四

沉靜
Silence

古埃及象形字	
唸　法	*Waa* Sha
字　義	花園中的池塘、小湖、池塘是原始的鏡子

牌義

靜心、沉靜、池塘、小湖

沉靜
Silence

在這裡，無限的海洋已經變成小池塘，四面有了邊界，這座池塘很適合培植蓮花。如果我們讓池塘靜下來，水上的波浪也會停止，水面將會變成很清楚的鏡子，你不但可以看清楚自己的臉孔與身影，還可以看到無邊的天空。

了解自己是了解別人的基礎，這池塘提醒我們找時間讓自己的情緒沉澱、安靜下來，如此一來，愛、珍惜與感激之情自然容易滋長。

占卜舉例

Q 我想要買房子，可是一直找不到適合的物件。請問要怎麼執行我的購屋計畫？

A 你有些忽略、虛幻、不積極。四處尋找，不容易找到理想中房。該靜下來沉澱自己的情緒，讓理想的房屋的模樣浮現，才會有所發展。

小牌名：蓮花（聖杯）五

培育
Nurture

古埃及象形字	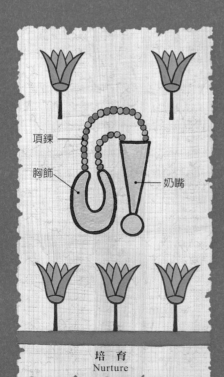
唸 法	Menat
字 義	培育、項鍊， 與保姆（Men@t）有雙關語

牌義

培養、培育、照顧

是古埃及貴族女人常戴在胸前的象徵性項鍊。項鍊前面是黃金與寶石所鑲的胸飾，掛在脖子後面的是一個球形的金屬秤錘，掛在一個圓錐形的上頭。前面的胸飾象徵心靈很寶貴、寬廣，後面的秤錘象徵母愛女神母特的愛，圓錐形象徵母愛永遠在背後支持與安慰你。

古埃及人常常用母牛代表母愛女神，母牛的特質是她天天給予奶。球形的秤錘就像是一個大奶嘴。當孩子遇到挫折與失敗時，母親總是給予穩定的愛與支持，而且母親會看到孩子好的一面，不會因為孩子跌倒而失望，她會拿出慰撫奶嘴來安慰他，鼓勵他再嘗試一次。慰撫奶嘴會讓小孩感覺快樂與安全。

我們的創作，就像是我們的孩子一樣。對待自己的創作，要學習母親的養育精神。安慰與鼓勵是蓮花五的精神，不要讓自己卡在負面的情緒，掉入悲傷之中。

項鍊

胸飾

奶嘴

培 育
Nurture

占卜舉例

Q 我考試落榜了，請問要怎麼調適？

A 不要落入悲傷的情緒中，你要為自己下一次更加油。

小牌名：蓮花（聖杯）六

熱忱
Enthusiasm

古埃及象形字	
唸　法	Wennew
字　義	兔子、當下、小孩熱忱、跳來跳去、孩子

牌義

單純、天真、活潑、熱忱、熱心、幼童時代

小白兔象徵天真、活潑、熱忱

熱　忱
Enthusiasm

　　牌卡圖案是小兔了躲在池塘的美麗蓮花叢中。兔子代表存在、開放與幼童年代，許多蓮花指出我們腳步的方向。讓我們像單純的小孩子一樣，創出自己的天堂，就好像小佛陀走路時步步生蓮花。

　　回想你的幼年時代，你思想單純，活在歡樂的生活裡。你玩得很快樂，世界美麗無比，你跟大自然完全的融合在一起。

　　你是多麼為自己高興，也很願意為周邊的事物給出你的熱心，從不擔心名利，只是敞開的活著。帶著如此的心境，朝成長的方向前進。天堂的感覺就像小孩的熱心、天真和活在當下。他玩得很快樂時，世界變得漂亮無比，他活得跟大自然完全融合。巫師神（魔術師）有一個很特別的名字是 Un-nefer，意思是美麗生存或美麗小孩。祂達到蓮花六的境界，單純、天真、活在當下。

占卜舉例

Q 我被調離了原來的工作，新派到另一個工作團隊中，請問未來情況？

A 只要給出你的熱忱，開心的享受工作樂趣，你將會從新的工作團隊中得到成長的機會。

小牌名：蓮花（聖杯）七

夢幻
Fantasy

古埃及象形字	
唸 法	Mega, Sobek
字 義	鱷魚、雙鱷魚（Aty，也是「法老王」的意思）

牌義

想像力、幻想、迷思、恐懼、誘惑

鱷魚象徵想像力、幻想、迷思、恐懼、誘惑

夢 幻
Fantasy

在這座蓮花天堂的池塘裡，也有恐怖的鱷魚。你要想辦法把鱷魚包含在你的天堂遊戲內，面對你的恐懼與害怕，以及誘惑你或讓你感到排斥東西。這是要考驗你情緒的穩定性，以及你對目標的堅持度。

英文有種說法：I am up to my knees in alligators.（我的周圍深及膝之處皆是鱷魚）。描述面對讓人既感到麻煩又感到害怕的情況。古埃及人認為鱷魚是屬於魔鬼塞特神的動物，這包括渴求的誘惑、討厭的事情，以令人害怕的幻想。

你要針對你的目標去努力，而不要讓它們干擾你。

占卜舉例

Q 什麼時候會遇到適合結婚的對象？

A 你可能要先放下對結婚的恐懼感，或許那是你對父母的關係或是從別人那裡觀察到的婚姻狀況。但這些畢竟只是你的想像。

勇氣
Courage

古埃及象形字	
唸 法	W*aj*
字 義	紙莎草權杖

牌義

勇敢、勇氣、追尋、綠、新鮮、年青、充滿活力

紙沙草

勇氣 ——

勇氣
Courage

　　古埃及人用紙莎草當成書寫的工具，形成他們的文化與科技的基礎。古埃及人甚至把紙莎草當作北埃及的標誌（南埃及標誌是蓮花）。古埃及人透過紙莎草的運用，把蓮花的祕密傳遞給後代。蓮花與紙莎草的圖騰變成古埃及文化的兩根大柱，讓埃及文明得以站立。他們會把大神廟裡的巨大柱石刻成紙莎草或蓮花的樣子。

　　一般來說，文字總是無法表達內部最核心的感覺。但是學者或主管用紙書寫、報告、記錄資料時，要寫出真相，為了滿足這個條件，一個人需要勇氣。

　　這個護身符代表勇氣，就像愛惜特女神躲藏在紙莎草的澤地中，養育她產下的兒子小活路神，小活路神長大之後成為偉大的英雄、法老王，充分發揮了他的勇氣。

　　如果你想要為未來的目標前進，必須充滿勇氣、紀律與智慧，才會享受到最後的滿足。

占卜舉例

Q 最近的身體健康狀況？

A 要去面對你最近的情緒是否帶給你壓力，造成身體不舒服。

小牌名：蓮花（聖杯）九

滿足
Satisfaction

古埃及象形字	♀
唸　法	Heqa
字　義	牧羊人的權杖帶領羊群到水與草的地方、統治、主管

牌義

滿足、滿意

牧羊人的權杖

滿　足
Satisfaction

這是古埃及法老王的重要權杖，它代表有資格、且願意負責牧養人群。

巫師神常常拿著這根權杖，小活路神也會拿著它，所有埃及法老王都拿著它；一直到現在，羅馬天主教教宗還拿著它。

拿到這根權杖的人，在生活中一定找到了相當多的滿足感。只有知道如何得到滿足的人，才會到達這個階段。不過，面臨的挑戰是：會不會打開心房？有沒有意願與人分享？想辦法引領別人，同時也找到最高的快樂和滿足。

占卜舉例

Q 我最近得到了升遷的機會，不知道成為主管之後，往後是否順利？

A 你很滿意你的成就，但你需要解除心防，多與下屬接觸，並且分享。

小牌名：蓮花（聖杯）十

慶祝
Celebration

古埃及象形字	
唸　法	Adeh, Bes
字　義	三角洲的繁榮

牌義

歡欣鼓舞、慶祝

很多紙沙草

慶祝
Celebration

慶祝

尼羅河神「哈阿杯」（Ha'api）很有可能就是英文happy（快樂）的來源。

古埃及人共享的豐富物質生活，完全倚靠尼羅河。這張牌象徵埃及培養很多花草與農作的能力，代表著集體精神上的快樂與滿足。

慶祝不只是個人的滿足，通常是一群人共同為事情的狀況感到快樂、高興。每年尼羅河準時上漲，意味著三角洲又將繁榮了，古埃及人會大規模的慶祝，全國人民歡欣鼓舞，一片和樂融融，圓滿及美好。

（Bes）是音樂跳舞歡樂神。

占卜舉例

Q 請問目前這段感情關係未來的發展？

A 你們一直都是相當愉快的相處，可能該準備步入結婚禮堂，好好慶祝一下了。

價值
Value

古埃及象形字	
唸　法	T*a*, Tanen
字　義	土地、國土

牌義

價值、目標

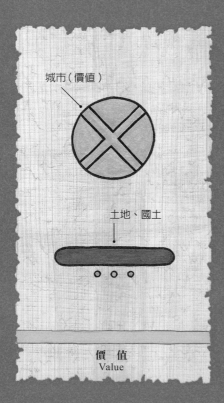

城市（價值）

土地、國土

價　值
Value

（Nut）這個標誌等於塔羅牌的錢幣花色，屬於土元素。通常在十字路口中來往的人潮比較多，是適合做生意的好地點，吸引錢財聚集。

（T*a*）的一條線代表地，地下面的三個點代表種子，特別指示肥沃的農田；這三個點也可以代表寶石。好的農田才能創出長期穩定的生活，這個符號代表重要性、很有價值。一個東西的重要性會影響社會上對它的價值評斷。

無論我們是哪一類型的人，都希望自己活得很有價值感。當你非常清楚自己或別人存在的價值看法是什麼時，你就已經切入核心重點，你可由此展開心想事成的大門，掌握自己，也掌握到其他人的需求性。任何的東西，包括金錢，都是價值的交換物。確切的掌握價值，也就能心想事成。

是塔念土地神（Tanen）。

占卜舉例

Q 健康狀況如何？

A 你的身體是要提醒你，去了解你生活真正的存在價值是什麼。

比對
Comparison

古埃及象形字	
唸 法	Mer
字 義	犁、愛、喜歡、珍惜、想要

牌義

比對、衡量、權衡

犁田的工具，比喻播種、做愛、喜歡、珍惜

比
對
——
⊗

比 對
Comparison

　　古人常常用耕田來比喻做愛。很多英文字是從（Mer）這個埃及字眼傳下來，例如：Merry、Marry、Mary 等。如果你覺得一樣東西很重要，你一定會愛護它、珍惜它，這樣你開始與它發生互動關係。可笑的是，為了發生這個關係，你需要在你和它兩個能量上一直打轉繞圈。如果你有兩個重要東西，你就需要分心跑來跑去照顧它們，這裡推那裡擠。或許要加點速度、加些力量、拉長時間，或減少效益，端看你怎麼處理。這是矛盾的遊戲，難免會花一些精神在衡量、比較。

　　埃及人有另一個符號（tawy）可以代表錢幣二：這代表南北埃及的統一，成為偉大寶貴的埃及文化，雖然南北地方不同，但都是平等的。

占卜舉例

Q 我想要買房子，有什麼建議？

A 多看，多比對，清楚分析自己的重要性放在哪裡。

合作
Cooperation

古埃及 象形字	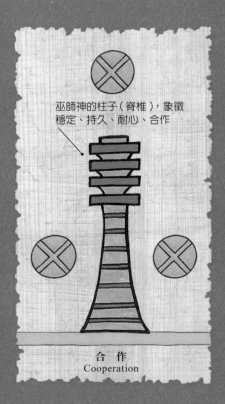
唸　法	Jed
字　義	穩定、持久、耐心、合作

牌義

巫師神的柱子（脊椎）、合作

巫師神的柱子（脊椎），象徵
穩定、持久、耐心、合作

合作
Cooperation

是巫師神的柱子，它是巫師神的生命樹，也是祂的棺槨、祂的脊椎。它代表穩定。巫師神的祕密是透過愛惜特女神與尼伯西特女神的愛，加上圖特神的生命魔術，讓祂復活了，並且找到了一個不生不死的永生地帶。

你要找出你生命中的永恆價值，才能找到穩定的生活，其中會需要有一些很要好的朋友與導師來支持你。如果你要創出你的實相，第一，你要有起心動念；第二，你為了認同你的想法，會尋求探索更多的智慧及專業觀念；第三，是要有技術面的結合，然後你的創造物就可以在這物質宇宙裡啓動了。

合作的過程亦是如此，你有一個想創造的東西，需要結合專業智慧的人才及技術去完成它。

占卜舉例

Q 我的新職務會如何？

A 你會需要和其他人互相合作，建立穩定的關係。

保護
Security

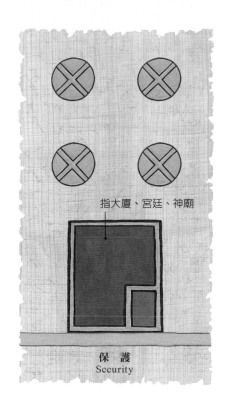

保護 ──

指大廈、宮廷、神廟

保　護
Security

古埃及象形字	
唸　法	Het
字　義	大廈、宮廷、神廟

牌義

保護、安全感

是大廈、宮廷、神廟，也代表現代的教會、銀行、博物館等。

這座神廟是你的安全地帶，你在這個神聖空間可以放輕鬆做你自己，你可以以這個基地開始，準備探險一些新的領域，創造更豐富的未來。就像任何旅遊都是從家裡的基地開始。你需要看清楚你的安全地帶，包括健康、房子、存款等。

實體的東西所呈現的，讓人很具體的感覺到，也可證明內在價值感的存在。一旦人們有了一個實體的東西，很自然的意識反應就是擁有它、保護它，讓它不受干擾、不受傷害。有人想保護物質世界的東西，有人想保護家園，有人想保護精神價值，端看你要站在哪一個層面。

占卜舉例

Q 我想考幼教老師，請問前景？

A 你可能太過於保守且受限於你所知的，要多攝取多方面的知識，特別是如何保護孩童的安全。

投資
Investing

古埃及象形字	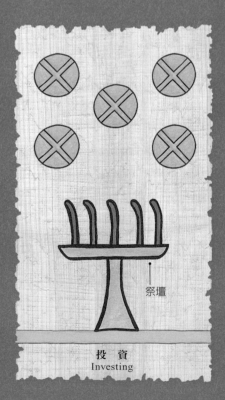
唸 法	Khawet
字 義	祭壇、香壇

牌義

投資、投入

祭壇是神廟最神祕的內殿，你在這裡開始讓你的夢想成真。你在祭壇上獻上供品，是為了你未來創作的藍圖。

當你的藍圖畫好了，有了信心與堅持，你的夢想就會開始成真。點燃香火，祭祀或禱告祈福，其實表示你還在缺乏或未完成的階段中，為了未來，你要投資精神、時間，甚至是金錢，讓你完成夢想。

確定你的生命藍圖，甚至做一個模型或樣品，開始冒險，把它推展出來。然而，真正有信心的人，是願意為了未來，願意承擔風險，它一定會成真。

這個圖騰代表香壇以做祈福拜拜。它代表籌備資本開始，來做某一些計畫。

占卜舉例

Q 我想去國外求學，想問可行性？

A 你從現在開始，就要為了留學，投入精神、時間，以及花費金錢，好好準備。

祭壇

投 資
Investing

小牌名：城市（錢幣）六

團結
Team Building

古埃及象形字	⬚⬚⬚⬚⬚⬚
唸　法	Men
字　義	穩定、基礎、神圖棋盤、阿民日神的化身

牌義

團結、同心協力、結盟、合一

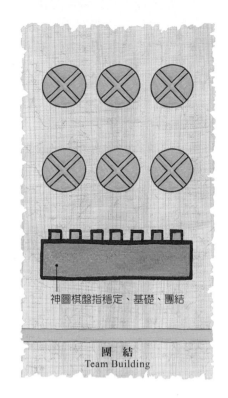

神圖棋盤指穩定、基礎、團結

團　結
Team Building

⬚⬚⬚⬚⬚⬚ 是古埃及人的棋盤，本來是一個遊戲的玩具，但這棋盤也是阿民日神隱形創造神的名字，以及第一位埃及法老王的名字。古埃及人會把這個棋盤放在神廟與陵墓裡，用這個遊戲來占卜隱形的命運。遊戲棋盤成為幫你看出使命的工具，它成為塔羅牌的占卜遊戲盤面。

你周邊的人們都是你自己的投射。你要關注著你的基礎、你的路線，以及你的團隊。隊員一定要跟領袖結盟，領袖一定要照顧好隊員，才會產生雙贏。

看過跳象棋吧！每顆棋子無論它的地位高低，它都有其特殊功能，缺一不可。小兵可以立大功，將士可過關斬將。神圖遊戲中每一個玩者有五或七枚棋子。下棋的時候，玩者需要讓棋子的啟動十分合作，像一個團隊，才可以獲得勝利。

占卜舉例

Q 我想捐款給一個非營利機構，這是不是一個好主意？

A 你要考慮到你的捐款是不是能讓這個機構發揮團隊效應。

生產
Productivity

古埃及象形字	
唸 法	Kheper
字 義	聖甲蟲、創造

牌義

生產、努力每日創作

聖甲蟲指創造、生產

生產
Productivity

（聖甲蟲）是「糞」甲蟲的名字。牛糞是最賤陋的東西，但它也是太陽能的表現，是太陽神的化身。聖甲蟲會利用一塊球形的牛糞，努力創出牠的家，把牠的蛋放在裡面。那牛糞球裡所養育的小聖甲蟲會努力吸取養分，等待時機成熟時，變成成蟲，展翅高飛，飛往陽光（太陽），開始另一段更棒的旅程。因此，古埃及人將這種蟲子視為神聖的太陽象徵，叫做「聖甲蟲」。

聖甲蟲代表創造的意義。對於你要成就一件事，你一直會做很多的努力，你的努力也帶來一些成果。

當你看清楚你的使命時，你會很清楚什麼對你而言是最重要的，你可以去發揮你的創造力，找出一些適合的材料讓你的夢想成真。

聖甲蟲這個符號代表你努力創造，開始會有一些結果，但你還要加油提高過程的效率。

占卜舉例

Q 我目前事業的進展？

A 你已經有些不錯的成果。你在評估、籌劃下一步該如何往下走。繼續加油！

小牌名：城市（錢幣）八

效率
Efficiency

古埃及象形字	
唸　法	Semen
字　義	物質豐富、鵝、兒子

牌義

效率、事半功倍的效果

每日會生金蛋的鵝，象徵有效率及物質豐富

效　率
Efficiency

古埃及人認為鵝與鴨是豐富的好象徵。牠們都是大鳥，而且很好飼養，這些家禽代表了食品、供品與一般豐富的人生。鵝也代表了生兒子。

這提醒你，你在之前嘗試了許多方法，也做了努力，現在要找出一個最方便可行的方法，來創造生活上的富有。你為了目標往前進，用心經營，在這之中你已能掌握許多技巧，知道如何精進，讓你的行動更有效率。雖然事件尚未完成，但效率會帶來事半功倍，以及隨著而來的成功。

占卜舉例

Q 我的職業是醫師，想離開受雇的醫院，準備自己開診所，請問前景如何？

A 你之前已有執醫的豐富經驗，掌握許多事務，讓你很有效率，經營新診所會帶來豐富的成果。

悠閒
Leisure

古埃及象形字	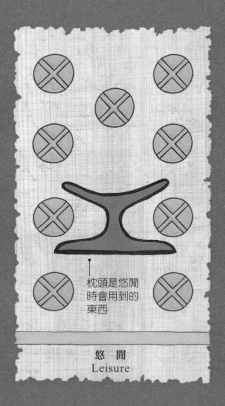
唸　法	Weres
字　義	枕頭

牌義

悠閒、安逸、享樂

枕頭代表休閒的生活。一般來說，你為自己種下很扎實的根基，而且已長成大樹，大樹也已結實纍纍，你悠閒自在的享受安穩、和諧的生活。

就如同枕頭的意思一樣，它是悠閒的意涵。你不必擔心任何物質、事務，因為你已很豐裕了。

當物質生活的問題解決了以後，我們才有功夫去探索更高層次的人生領域。這枕頭也提醒我們：休閒的享受本身是虛空的，當只有自己的人生豐富，而別人尚未豐富時；當自己處在休閒狀態，而別人尚未休閒時，還不算是圓滿的幸福。

枕頭是悠閒時會用到的東西

悠閒
Leisure

占卜舉例

Q 明年的運勢？

A 今年你已經做好充實的準備，明年是你的收成之年，享受成果，自在安逸的生活。

小牌名：城市（錢幣）十

富裕
Wealth

古埃及象形字	
唸 法	Neweb
字 義	黃金

牌義

富裕、豐盛

黃金凳子

富裕
Wealth

（Neweb）和 （Neb）的發音很接近，象形文字的畫法也很像。黃金代表最美麗、最有價值的東西，也是陽光的象徵。 （Neb）的碗可以包含一切，所以這符號提醒我們：真正的豐富，是把宇宙萬物全部提升到無限的價值與無限的重要性。

你的豐裕價值已經到達巔峰。你不只可以自己享受，還可以與大家一起分享物質的豐富，提升無限價值。你不只是一個成功者，還是個與大家一起分享同樂豐富的人。

這張牌特別與 尼伯西特女神（節制）的主牌有關係。

占卜舉例

Q 我想去一趟印度之旅，請問行程是否順利，能給予我什麼提示？

A 你是一個值得擁有豐盛的人。請帶著你豐富的價值觀，走完你歡樂的旅程。另外也試著擴展你的豐富，與印度人分享，促進文化交流。

專注
Attention

古埃及象形字	
唸 法	Ja, Weja
字 義	起火鑽；強壯；旅遊

牌義

專注、集中

火鑽是行動的象徵，
也是注意力的象徵

專 注
Attention

這個火鑽代表你注意力專注的方向，也代表工作與技術、光與火，或是代表知識。當你決定了目標的方向以後，如果不採取行動的話，你想要的結果只是頭腦裡的一個可能性。注意力是你的起火棒，你愈往一個方向鑽入，愈會發光發熱。

如果你在野外露營時要鑽木取火，生火不成功的話，會被黑夜凍死，你得一直專注在鑽木的動作上，再更用心、更用力，就會發熱、冒煙，然後就起火了。

你非常專注，非常積極去行動，就會燃起你生命之火。這是你好的開始。繼續加強你的火能量與技術，你將會逐夢成真。

占卜舉例

Q 請問工作運勢？

A 全心專注於你現在職務上要做的事，那麼你會成功的。

知見
Vision

古埃及象形字	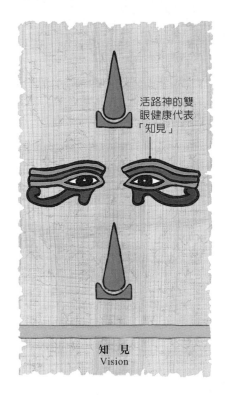
唸　法	Petera, Wejaty
字　義	活路神的眼睛（慧眼）、太陽與月亮、慧眼、看清楚一切

牌義

知見、看清楚、要理性與感性結合

活路神的雙眼健康代表「知見」

知見

知見
Vision

一個眼睛稱為 Wejat，兩個眼睛有時稱 Petera 或 Wejaty，意思是看清楚。兩個眼睛代表立體的看法。這樣你才可以確定目標的形狀與距離。右眼是太陽，代表創造源頭的能量、直覺的看法；左眼是月亮，代表意識、知識、過去、傳統的看法。兩種看法合在一起，讓我們看得更清楚，我們現在站在哪兒，而想去的地方在哪兒。

用一個眼睛看，會看不清楚另一個角度。用兩個眼睛一起看，才能全面覺察到距離。這張牌代表因為有了其他因素加入，你原有的態度或想法已不能讓你掌握狀況。你既要能保有原來的智慧與資源，也要能眺望你的未來，開發慧眼，展開你的知見，讓你的行動在不受原來的限制下，審慎行事而完成你的計畫。

占卜舉例

Q 想要投資基金？

A 掌握目前的資源，考慮更多因素，多了解長遠的走向。

企劃
Planning

古埃及象形字	
唸　法	Rekeh
字　義	火、火把、燈火

牌義

企劃、規劃、藍圖

火是一個工具，可以幫我們達到目標，它可以讓我們的身體暖和，幫我們煮菜，甚至是煉金。有三種情況；當下的現場、預期的目標，以及達成目標所需要的方法。在古埃及文裡，唸Khemt時剛好也是「三」的雙關語。火的知識，要我們看清需要的資源、工具、能力及技術等，提升精神，設定詳細的計畫來實現我們的目標。

一個有領導力的人，必須胸有成竹、有前瞻性、有遠見。在訂立企劃，往目標前進時，已經相當掌握目標該如何進行的細節。只要你點燃你的引線，然後爆竹就會綻放，目標就會達成。

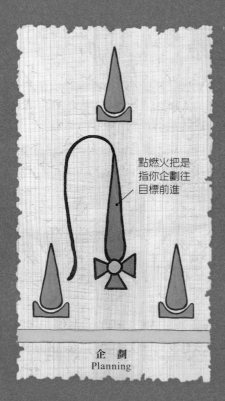

點燃火把是指你企劃往目標前進

企　劃
Planning

占卜舉例

Q 想要重新做室內設計裝潢？

A 建立你清楚的藍圖，朝著計劃往前走，蓋出你的夢中心園。

小牌名：火鑽（權杖）四

建構
Setting Up

古埃及象形字	
唸　法	Sneter
字　義	香、燒香、芬芳的氣（Ba 芳香加上靈性的味道）

牌義

建構、就緒

燒香是因你心有願望想要如願

建　構
Setting Up

　　隨著你的計畫，你現在必須考慮你將在哪裡實施它。它可能是商店或工廠。這是你將在其中開發並將你的產品或服務帶入世界的空間。埃及的傳統是為了準備使用的空間，要燒香以點化空間的靈性。

　　燒香代表祈福的精神。通常在準備進行重要的計畫之前，我們會焚香祈請神明庇佑。當我們需要老天指引方向時，不妨將計畫的細節及籌備方向好好想一想，點了一根薰香，靜坐一會兒。你的舞台及內心方向，會因這個儀式過程而更明朗化，讓一切準備就緒。

　　如果你想要人生事件是順遂的，先要建構就緒好你的計畫所需的一切，在穩定的基礎裡求發展，事件就會成功的往前走。也就是先把你的廟宇蓋好，才能在廟裡燒著你的香，祈求你的好運到來。

占卜舉例

Q 我有一個心儀的對象，請問要怎麼做才能有所發展？

A 你們要建立好的互動關係，必須先打下深根的基礎，而不單單是表象的互動。

建構

鍛鍊
Practice

古埃及象形字	
唸 法	J@m, Jem, Was
字 義	瑜伽能力權杖

牌義

鍛鍊、進修、精進

這是一個古埃及的金屬權杖，學者目前還不確定古埃及人如何使用這個工具，但只有神才有資格拿這個權杖。因此，它代表要先鍛鍊自己到專業的程度，或至少確定可行性，才開始大規模去推行你的計畫。

在過程中你或許有些混亂、不和諧、矛盾、衝突，但透過不斷的學習、調整、鍛鍊，桂冠花圈就會帶在你頭上。

這個權杖可以代表我們的脊椎神經。圖上面有一個波形羊頭，代表腦子裡的想法是一個能量電波與呼吸；圖下面有一個叉子，代表我們的想法連接到物質世界。在古埃及密宗裡，它隱含一個非常重要的修行祕訣。

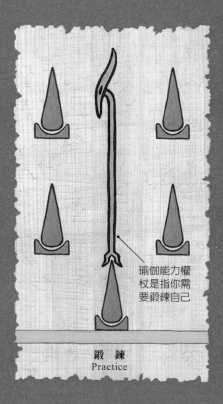

瑜伽能力權杖是指你需要鍛鍊自己

鍛 鍊
Practice

占卜舉例

Q 我學習占卜一陣子了，請問何時才能當個專業的占卜師？

A 你需要透過不斷的學習、調整、鍛鍊，當你的混亂、矛盾、衝突不見了，你就是個專業的占卜師。

領袖
Leadership

古埃及象形字	
唸　法	Hew, Shesep
字　義	人面獅身

牌義

領袖、引導者、自信的、目標明確

獅子象徵領袖

領袖

領
袖
Leadership

這個圖騰的人面獅身，名字是 Hew，綽號是 Shesep（意思是接受、雕刻像）。祂是一位領袖，引領人們看見太陽出現的方向。

埃及最有名的人面獅身一直往東看，期待著太陽要升起（高我的遠見）。祂總是把注意力放在最高的目標那邊，全然相信它會實現，祂甚至會變成陽光的化身。

如果你的目標很適當的話，你的注意力會專注，而且會帶給你充足的能力去實現它。實現過程的時間，對領袖來講只是個瞬間。這個符號代表領袖的精神。它代表你的高我的無限觀察能力，當你準備好

要執行你的計畫，先確定你的信心，它就一定會成功。

占卜舉例

Q 如何完成任務？

A 清楚自己的目標，也相當有自信的確認自己會是個好的領導者。如果你的目標實踐的道路適合許多人的要求，遲早會有人願意跟隨你，一起完成那個目標。否則，你只是在玩自己的遊戲，還沒有成為領袖的資格。

挑戰
Challenge

古埃及 象形字	
唸　法	Heded, Sereq
字　義	蠍

牌義

挑戰

蠍子是一個毒蟲。活路神小時候曾被一群毒蠍刺傷，祂的叔父塞特因為怕小活路神長大後向祂復仇，所以派了毒蠍暗殺祂。小活路神的母親愛惜特女神和師父圖特神幫祂解了毒，那些毒蠍就變成小活路的玩具。這故事提醒我們，在做事時雖然可能會遇到困難和威脅的挑戰，不過如果自己很單純的把注意力放在目標上，會有及時的親友出現幫忙，一起合作解決困難。

如果你把注意力一直放在問題上，你會被困難淹沒。如果你很單純的把注意力放在目標上，把問題當作是種必經的經歷，那麼你已站在上方主掌者的位置，問題已成為被掌握、可解決的狀態。

天蠍座代表原始腦的覺醒，清掉了它裡面的恐怖程序後，蠍尾的毒刺松果體會回復它的慧眼功能。

面對蠍子是你挑戰自我的時刻到了

挑　戰
Challenge

占卜舉例

Q 我的口試會如何？

A 你會面對好幾個口試委員，接受他們的考驗。如果你已經相當程度的掌握自己，有難度是難免的，但會很順利過關。

小牌名：火鑽（權杖）八

一致
Coherence

古埃及象形字	
唸　法	@r@t
字　義	眼鏡蛇亢達里尼的自發性高我管理

牌義

一致、同步、同方向性、目標統一

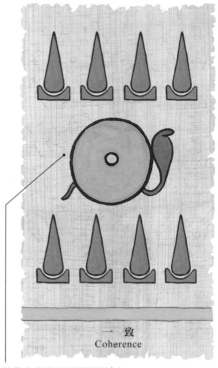

一致
Coherence

蛇是亢達里尼（慧眼脈輪）的圖騰，當脈輪打通時全部生命能量就一起發動

　　古埃及人用眼鏡蛇代表慧眼成熟而開悟的狀態，這樣一來，即使很複雜的事件，一切都看得很清楚，而且會處理得很好。事情清楚了以後，進度既快又順利，一切事物都連貫，同仁都結盟，你將變成你個人世界的太陽，到處發光。

　　這個圖騰是太陽與眼鏡蛇在一起。八是管理的符號。蛇是光束能量。如果很多光的頻率同步，它們的能量非常強，也很會保持方向。如果一個團隊有這樣的合作方式，它的表現效率會非常高。這是一致的價值。

占卜舉例

Q 我要怎麼做才能解決我的混亂？

A 是時候，把你的各項事務都一一呈現出來，安排就緒，以明確又快速的動作完成它們，所有的混亂就會同時落幕了。

獨立
Independence

古埃及 象形字	
唸法	Aten
字義	飛翔中的太陽圓盤光球

牌義

獨立、自主性

飛翔中的
太陽圓盤光球

獨 立
Independence

 是太陽在天上飛翔，代表你是自己的主人的稱呼。古埃及的「阿天」飛行標誌，還是現在全世界合格飛行員的符號。

這張牌代表你什麼事情都做得到，展開你的翅膀，飛行到你的最高目標。你只要注意一件事，專注於自己的目標。

有時因為你曾經受了傷，經歷過挫折，你可能會恐懼、防衛，不太敢跨出勇敢的那一步，但別忘記你是自己的主宰，你什麼事情都做得到，展開你的翅膀，飛行到你的最高目標，那裡是你的天地。

如果一個人在他的事業上高飛，自由自在的做出他的人生使命時，他就會像日正當中的太陽。他不必倚賴別人，別人也會享受到他的創作。

占卜舉例

Q 想了解我目前的狀況？

A 該是你放下依賴，獨立走出來的時候了！雖然你已習慣別人的指導，或聽從別人的意見，但別忘記翅膀長在自己身上，只要你張開來就能飛翔。

小牌名：火鑽（權杖）十

多元
Diversity

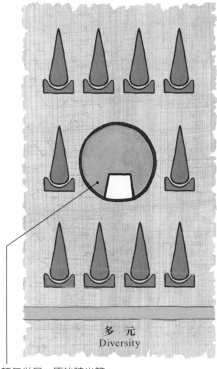

多元
↓

多元
Diversity

麵包供品、原始時光等

古埃及象形字	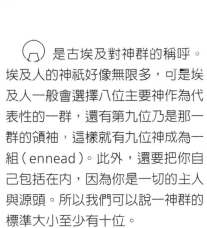
唸　法	Pawet
字　義	麵包供品、原始時光、原始神群、各種物品

牌義

多元、多樣化、多面向觀點

是古埃及對神群的稱呼。埃及人的神祇好像無限多，可是埃及人一般會選擇八位主要神作為代表性的一群，還有第九位乃是那一群的領袖，這樣就有九位神成為一組（ennead）。此外，還要把你自己包括在內，因為你是一切的主人與源頭。所以我們可以說一神群的標準大小至少有十位。

每一位神或天使代表一個注意力的觀點角度，而神的道理提醒我們打開眼界，體會到我們有無限的不同觀點，可以去欣賞每一樣東西。

這個圖騰指的是：一切可能性永遠存在於神性的源頭裡。因此，宇宙本來都是充滿了無限的繁榮，不缺乏任何東西。而且全都是神性的本體光。

火鑽花色是技術。透過適當的技術，可以展現任何想要的物體或現象。

占卜舉例

Q 我現在的工作狀況不是很順利，請問如何解決？

A 你現在沉溺在一個問題的狀態中，所以看不到其他的。你必須打開眼界及心胸，多方看看出現的可能性或機會，你會有收穫的。

意志
Will

古埃及 象形字	
唸 法	Nef
字 義	風、氣、呼吸

牌義

意志、決定的能力

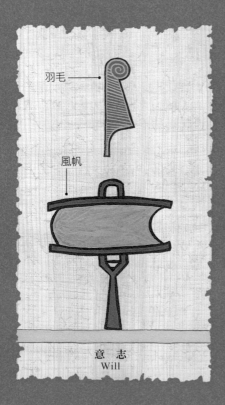

羽毛

風帆

意 志
Will

羽毛是風的元素，代表你在使用你的意志，你有決定志向的能力。空氣是看不見的，可是當風一吹，你就可以感覺到它，而且風的力量很大。就像風吹動風帆，讓船隻前進的道理一樣。如果你要啟動你的船，必須先讓風帆動起來，船舵才能把船開往要去的方向。你要想做成一件事，也是如此：要先提起你的意志力；讓你的注意力帶領你到要去的方向，完成你的使命。

有趣的是，其實風的存在是因為萬物永遠在流轉，但風的方向不一定是你想要的。如果你想要借用風的力量，使你的船往你想要的方向，需要決心與技術。

意志力是決定力加上行動力與技術。光只有決定力，你的船只能在原地打轉；意志力是你有辦法啟動的一面風帆，接到那股流動的能力，帶你往你選擇的方向。你要先做一些決定和採取一些準備的行動，風帆才會對你有所用處。意志是做決定的基礎。羽毛是思考、管理、行政的花色。管理階層的主要特質是能夠做出明確的決定。水手調整風帆，但船長與航船的老闆才是決定貨要運到哪裡的人。

占卜舉例　　　　　　　　I

Q 我的身體要如何讓它健康？

A 你要定下決心把注意力放在身體健康上，去做些對身體有益的事。

小牌名：羽毛（寶劍）二

決心
Decision

古埃及象形字	
唸法	Theta
字義	愛惜特之結

牌義

決心、堅定的決斷力

決心 —— 𓏏

決心
Decision

古埃及女人用來擦月經血的布條

意志的主要動作是要做決定。如果是重要的決定，那麼就要很有決心的做出決定。做決定也包括行動，否則決定只是頭腦裡面的一個幻覺、念頭，而不是去做出結果。

這紅結代表愛惜特女神的月經與她的處女膜被穿破了，這個經驗對女人是一個重要的決定：要不要放棄處女階段，開始投入真正的親密關係？要不要懷孕生孩子？她常常會遲疑不定，最後才下決心。

這個符號代表你面對了一個比較重要的決定，你處於兩難，要繼續遲疑或下定決心呢？但無論如何，最終你還是要做出決定的，因為不下決定也是一種被動的決定。

占卜舉例

Q 該從事哪種類型的工作？

A 你或許有許多選擇的機會，但一直考慮會讓你走不出去，可能也會錯失良機。聆聽你的內心，並做出最終的決定。

整合
Integration

古埃及象形字	
唸　法	Khened
字　義	往上流開船

牌義

整合、整理、修整

帆船

整　合
Integration

在尼羅河上行船，往北是順水而下，往南是逆水而行。逆水而行時需要借用風帆，接受風的推動能力幫忙，沒有風時則得用繩子辛苦拉船。這暗示我們要讓自己的許多想法順勢而為，與環境結盟，才能達到比較具挑戰性的目標。

想開船前往目標，你需要整合船、風帆及船舵，讓船與風合作。現在可能有些事情使你心煩又掙扎，你的舵划了又划，卻還是到不了目的地。

靜下心來，看準你的風帆順著風吹的方向，掌起你的舵讓它和風、船與水的流轉合作，才會啟動你的船到你的目的地。你在處理事件時，需要處理你的思緒，了解狀況，讓事件整合在一起。

在這個相對世界裡處理事情，常常要把一些對抗的東西整合起來。古人逆水行舟就是執行一項對抗的任務。帆船的發明大幅減輕了這項任務的消耗。不過，也必須仰賴團隊的合作。這是一種對準目標的管理人群技術。

占卜舉例

Q 詢問今生真正的使命？

A 或許你發生了太多擾人的事情，讓你看不清。靜下心來，看看什麼是讓你感到快樂又興奮的事情，順勢發展，決心往前走。把那些會干擾你前進的事件都放下了。

小牌名：羽毛（寶劍）四

定義
Definition

古埃及象形字	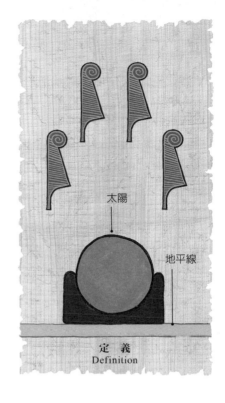
唸　法	Aakhet
字　義	太陽在地平線、三昧地禪定

牌義

定義、界定

太陽

地平線

定　義
Definition

　　太陽在東邊與西邊的地平線可以算是一個白天的邊界。定義界限，讓我們知道一個東西或事情的範圍。更深觀察，我們發現「定義邊界」正是創造的開始；「維持邊界」是物體或事情的持續存在。「失去邊界」是物體或事情的消滅。當我們要下定決心，整合需要的條件，務必要做好清楚的定義，才可以讓我們的企劃成真，維持存在。定義需要很細心、穩定與平靜。

　　這個符號代表太陽在地平線上，它可能是日出，也可能是日落。在這時刻，風會靜下來，你可以靜坐，然後看清楚在你的無邊世界中，要把什麼界定到這世界中，成為你的人生。

　　這裡包含永生的祕密。地平線代表邊界。所有的事情都在「靜與禪定」裡，定義出你的人生。靜觀，並且探險你生涯的邊界吧！

占卜舉例

Q 如何發展事業？

A 如果你一直忙於外在事物，你可能會不清楚方向。靜與定，能幫你看清楚你要界定出的方向。

承諾
Commitment

古埃及象形字	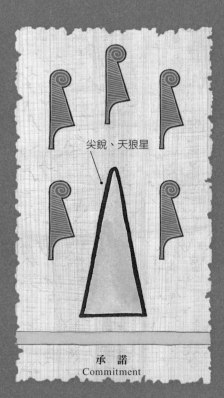
唸　法	Seped
字　義	尖銳、準備好

牌義

承諾、對自己負責

尖銳、天狼星

承　諾
Commitment

這個圖騰是一個尖銳如刺的象形字，意義轉借為：覺醒的準備好要完成任務，同時也肯定自己會完成任務。

在古埃及文明中，天狼星代表愛惜特女神在天上的符號。天狼星、參宿四、南河三，在天上呈現一個明顯的三角形，埃及的日曆就是以它為標準。每年那三角形的頂點（天狼星）出現在地平線時，尼羅河就會上漲氾濫。古埃及的農業社會，非常重視這個符號。採用這符號，代表決定發動一年計畫的承諾。

你自己要決定什麼時候最適合採取行動。如果天狼星不見了也不要沮喪，它一定會再來，重要是你的承諾。

占卜舉例

Q 如何達成目標？

A 你常常處於很想做許多事，但只是空想，而沒有認真去執行。確實去做到，是目前你最需要克服的問題。

堅持
Persistence

古埃及象形字	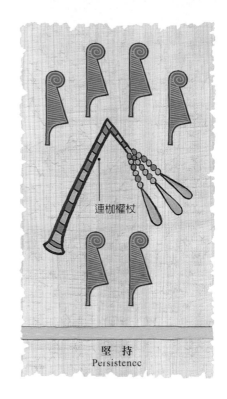
唸　法	@g, Nekhekh
字　義	農業的連枷權杖

牌義

堅持、堅定、持續不斷

堅
持

連枷權杖

堅　持
Persistence

　　這個農業工具代表著豐碩的收穫。農業是古埃及平民依賴謀生的基礎，農業是很費力耗時的，從播種到收割需要一段時間的努力。法老王負責經營農業制度，時常會拿這個權杖代表責任。在開始行動以前，要事先看清楚目標，以及最適當施行的時間。連枷也是民神的權杖，它跟生命呼吸有密切的關係。民神會使用卡的手印，拿著這根權杖。

　　農夫用連枷打穀，去掉外殼。不好吃的外殼會在風中飛走，把好吃的粒子留下來。因此，連枷這種工具代表著決定目標：什麼是你要的？什麼是你不要的？拿起你連枷權杖，堅持到目標達成為止。

占卜舉例

Q 兩人的關係？

A 你們相處應該有一段日子了，溝通好你們之間的長期生活目標，才會真正願意堅持關係繼續發展下去。

誠實
Integrity

古埃及象形字	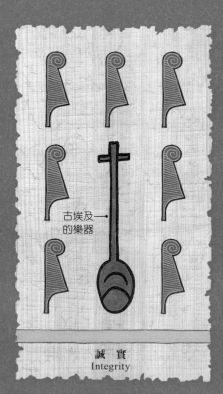 古埃及的樂器
唸　法	Nefer
字　義	美麗、好

牌義

誠實、誠信、信任的

美麗是一個抽象的觀念，而誠實是心靈的美，聽起來是更抽象的。古埃及人選了一個具體的東西來代表美麗：一種古埃及的樂器。用這種樂器符號代表美麗，是非常奇妙的。

樂器雖然是藝術品，但它真正的美麗是在於它所發出的美妙樂音，它需要音樂家的演奏。沒有音樂家的創意，光看著無聲的樂器，我們想像不到它真正的動態之美，可以帶我們達到什麼境界。

光有樂器，而不想彈奏出它的聲音之美，那只是個美麗的謊言。這張牌提醒我們，要有決心達到行為的完美，以表達心靈的誠意——誠實。倒過來，是不是就有一點像羽毛九的問題（生命之鑰）呢？

占卜舉例

Q 如何從工作中得到好報酬？

A 那要看你真的興趣在哪裡，而不是跟著一般社會認為你該做什麼工作。誠實面對自己，你將獲得豐盛。

小牌名：羽毛（寶劍）八

規範
Protocol

古埃及象形字	
唸 法	Shenew
字 義	循環之結、永久

牌義

圓環、規範、永恆、循環、制度化

這個符號象徵永恆。任何事情如果要持續存在於時空中，需要有一個可以不斷重複循環的組織系統。適當的慣性模式重複循環，讓規範發揮在生命的契機裡，會讓生活更輕易。穩定的生活需要適當的慣性模式。四季氣候的循環與天文的循環性軌道，是大自然中常見的例子，它們都為人類帶來適當的好處。

把藤條用繩子綁成環狀，是用最簡單的方法來象徵這個觀念。

占卜舉例

Q 我想要找一些志工服務，充實我的生活。請問要往哪方面尋找？

A 不規則的步調及做事方法，並不適合你。你可以找有規則循環性的組織系統，會讓你有良性的永恆效果，將這份志工服務發揮到最好。

問題
Question

古埃及象形字	☥
唸　法	@nekh, ankh
字　義	生命之鑰

牌義

問題、課題

生命之鑰

問　題
Question

古埃及人說☥圖騰是生命的象徵。生命很奇妙，但總是充滿了很多問題。體驗人生的目的，正是要發現這個奧妙裡面的答案。

☥符號本來是一面鏡子，讓你看清楚自己，以及自己生命中最關切的問題。鏡子也是測試呼吸的工具，可以用來確定一個人還有沒有呼吸，是生是死。古埃及藝術裡常常看到神祇用安可點到法老王的鼻子，讓他恢復生命呼吸。生命的奧妙問號真是個美麗的謎。問題看清楚以後，答案自然會出現。

這個古埃及人的☥生命之鑰符號提醒我們，要下決心實現自己的人生使命。使命與目標不同，我們可以達成目標，不過使命是一個無限成長的進化過程，它帶來永生的理由。

占卜舉例

Q 我的感情路上一直不平順，請問怎麼做會比較好？

A 你的確遇到許多感情問題，但問題在於你排斥問題，你看不清楚它。你需要注意對方是你的哪些投射，你才有機會找到答案。

答案
Answer

古埃及象形字	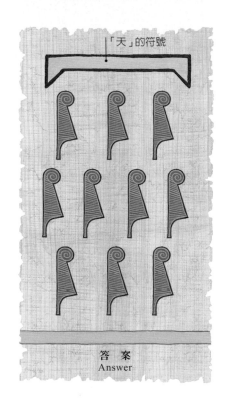
唸 法	Pet
字 義	天、天堂、天空

牌義

答案、解答、解決

「天」的符號

答 案
Answer

有人認為生命是一個沒有答案的祕密。生命的目標，也就是回答生命的問題：把人生帶到天堂的境界。

天堂的圖騰像是一個茶盤。雖然古埃及人沒有喝茶的習慣，但他們有別的好飲料。這個茶盤上面有一切可能性。你要什麼，就可以擁有什麼。只要你自己做出決定，並且下了決心、整合、清楚定義、承諾、堅持到美麗的結果（你本來決定的結果），或再來一次，或換更好的，解決所有的問題。

是古埃及人選擇來代表天的符號，它是一個無限的空間展現在我們的上面。它代表神的舞台空間。這個符號鼓勵我們解決生命中所有的問題，就能在那天空的無限舞台上，和神一起享受永生的快樂遊戲。

占卜舉例

Q 我的新職務發展？

A 你要適應環境、人事、工作內容。有許多問題，都待你去面對。持續想辦法解決，會有你的一片天空出現。

第 5 章

神圖占卜棋盤
的設計與意義

本書設計的神圖占卜棋盤，主要是採用英國博物館收藏的《阿尼紙莎草書卷》「死亡之書」版本裡的圖。「死者之書」，古埃及人稱為 ⌒｜⁚○⌂⎎⌂🦅⌂⎔🦅○⌀ （Reu nu Peret em Heru，意思是「通往光明之書」）。我也參考了其他神圖版本，例如胡乃福的《紙莎草書卷》，以及許多木乃伊棺槨裝飾上的群神權衡心靈儀式。

我做了一些修改，例如阿迷特（魔鬼）平常會靠近心靈權衡畫面裡的死者之心的位置，但在《阿尼紙莎草書卷》裡，阿迷特是站在圖特的後面。我認為把阿迷特放在死者之心的旁邊比較適合。

我設計的神圖塔羅占卜棋盤，第一排是權衡心靈儀式的十位主要神祇。祂們代表著物理宇宙，從隱形的源頭展現到個體意識的經驗。

最下面一排，顯示一對戀人會合，創造新的個體意識，以及靈魂投胎為人身的經驗，而在嬰兒誕生後，將經過生命的許多成長階段，到最後的死亡，體驗到生命的真相與真理。圖特神是記錄這場儀式的教宗，祂會根據審查的結果，帶著死者的創造能量，回到太陽神的生命源頭。個體有選擇的機會，可以透過源頭，再次循環到一般人生的經歷，或踏上魔術師的領域，而修到永生的境界。巫師神（魔術師）

代表從死亡復活，來到一個跨越生死的狀態。

這種超越性的狀態，產生神圖占卜棋盤的中間排列。「魔術師」的特殊狀態，對照的是顛倒掛在子宮中的胎兒「倒吊人」，他掛在死與生之間。

這副占卜棋盤的三排神群裡：上面一排是世人的先天部分，下面一排是後天的人間世，中間的一排則是意識的流轉。在中間的一排，當感知能力接觸到四種元素，可以產生第三排的人生經驗。意識的流轉，就像河流的流水一樣。埃及人使用船代表經驗的過程。下面說明古埃及這三排神群分別代表的意義。

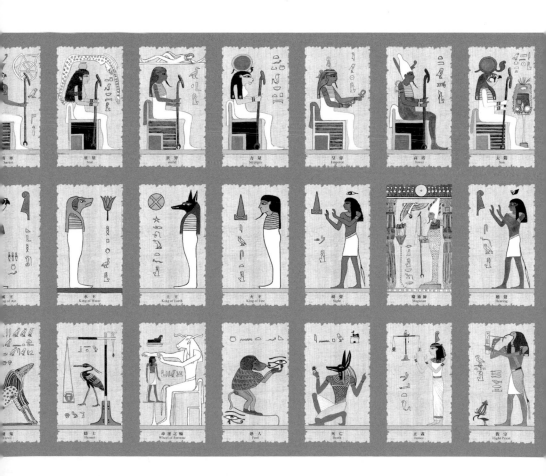

上排神群：世人的先天部分

　　我按照《阿尼紙莎草書卷》版本，設定了神圖占卜棋盤的第一排神群。唯一的改變，是把「女教宗」愛惜特和「節制」尼伯西特兩位女神分開在上排的不同位置（請見下圖說明），移到母特女神（皇后）之後，各代表女教宗和節制。並把壺神（味覺）與薩神（觸覺）這兩位神分開來後，移到占卜棋盤的第二排。

《阿尼紙莎草書卷》第一排神群的排法如下：

味覺、觸覺	皇后	戰車	女教宗、節制	星星	世界	力量	皇帝	高塔	太陽

我設計的神圖占卜棋盤，第一排神群的排法如下：

節制	女教宗	皇后	戰車	星星	世界	力量	皇帝	高塔	太陽

這第一排群神，可以說是宇宙的「董事會」：

◆阿民日神（太陽）是第一主牌，是隱藏的超越意識潛在能力。

◆特牡神（高塔）、舒神（皇帝）與特婦女特女神（力量），分別代表潛意識的自我的三種主要本能：性欲的創造能、吞吐呼吸的存在能，以及自我矛盾的利己主義。這三者是過去的業力基礎。

◆蓋布神（世界）與星空女神（星星）提供醒覺意識自我的舞台：蓋布神（世界）是當下的現在生活，星空女神（星星）是當下裡未來可能性的夢想種子。

◆活路神（戰車）、母特女神（皇后）與愛惜特女神（女教宗）展開了人的超自我，也就是意志力、慈悲大愛與自我形象的祕密人生使命。這三種高我因素會配合基本「小我」的特質，帶領注意力的意識經驗，然後開發心靈成長的可能性。

◆尼伯西特女神（節制）會連接心與身，開闢人生經驗。這經驗基本上是完全快樂的把太陽的創造源頭在人世間活出來。

第一排塔羅牌名對應的古埃及主神，以及對應的意識、功能、視野及脈輪如下：

塔羅牌名	節制	女教宗	皇后	戰車	星星	世界	力量	皇帝	高塔	太陽
意識	大我	超我	超我	超我	自我	自我	本能我	本能我	本能我	生命潛能
功能	與大我宇宙連接	了解使命、感情	關懷照顧、珍惜	意志、表達欲望	未來可能性	現場、當下	需求	生生不息	繁殖	存在
視野	合一	未來	未來	未來	現在	現在	過去	過去	過去	超然
脈輪	頂輪	眉間智慧輪	眉間慈悲輪	喉輪	心輪（展望）	心輪（當下）	太陽輪	臍下輪／氣海	臍下性輪	海底輪

下排神群：人間世

神圖占卜棋盤最下面一排的神祇，可以顯示人一生的課題和人生階段：

塔羅牌名	戀人	審判	月亮	魔鬼	隱士	命運之輪	愚人	死亡	正義	教宗
課題	感情	決定	培養	背叛	修行	成就	悠閒	毀滅	平衡	理性
人生階段	做愛	生產	嬰兒	青年	成年	展現	休閒	死亡	權衡	歸依

這一排的最左邊是兔兔（戀人），最後則是圖特神（教宗）。兔兔也是圖特的另外一個女性變化，也就是戀人牌。

中排神群：意識的流轉

塔羅牌名	味覺	倒吊人	觸覺	風王	水王	土王	火王	視覺	魔術師	聽覺

這排的巫師神（魔術師）代表從死亡復活到一個跨越生死的狀態。我把這種超越性的狀態，放在神圖占卜棋盤的中間排列。魔術師的特殊狀態，對照的是倒吊在子宮中的胎兒（倒吊人）。他也掛在死與生之間，不過他的情況是暫時的。巫師神與倒吊胎兒這恍惚、不生不死的陰間境界，叫做「肚窩特」（Duat）。這字在英文變成twat，也就是女人的陰部與子宮。這是神聖的領域，

胎兒就住在那裡。巫師神也住在哪裡，永遠的跟祂的伴侶愛惜特女神做愛。

巫師神變成群神的超然永生主人翁，也是每一個人可以達到的生命目標。

神圖占卜棋盤中間排其他八個方格裡的神祇，是幫助仙人整合心靈與物理世界的客觀與主觀元素：也就是活路神的四個兒子與感覺的四個修行者。古埃及人認為活路神的四個兒子代表四種基本元素：水、火、風、土——我們可以把祂們當成國王或大主管；另外還有四種感知能力：味覺、視覺、聽覺、觸覺——我們可以把祂們當作元素神的修行者，因為我們透過祂們才感覺到物理世界。這八位神祇就是原始塔羅的宮廷國王與王后。

用這八位神祇，加上另八位脈輪神（四位騎士與四位侍從），就組成了古埃及神圖塔羅的十六張宮廷牌。古埃及把人的靈魂分成八種脈輪能量，透過四種元素、四種感知與八種靈魂能量，讓我們可以操作人生。

法老王與四位修行者（觸覺、味覺、視覺、聽覺）崇拜日神的船（冥想過程）。船上由左至右，依序是胎兒期的活路神、活路神、巫普瓦特（看路線的神）、真理女神、母愛女神、圖特教宗跟日神溝通、日神在地平線與展開翅膀的聖甲蟲、交叉視覺神經的尼特女神（代替巫師神）、小活路神用蛇繩子掌握船舵。

第 6 章

使用棋盤的
占卜方法

一般市面的塔羅占卜法，就只是用牌來占卜，古埃及神圖塔羅是以塔羅牌及神圖棋盤的互動方式，讓整個過程更深入、更貼切進入你的課題，了解更透徹。

　　神圖棋盤就是你生命的原型，你抽出的牌是你當下的意識。原型與你當下意識的結合，可以完全顯現出隱形而未知的狀態。並且每張牌之間都是互相連結的，所以可深入的程度超乎你的想像。讓我們一起來好好的享受玩樂吧！

簡易玩法

1. 提出占卜問題

神圖占卜棋盤可以對應的一些占卜題目：

節制	女教宗	皇后	戰車	星星	世界	力量	皇帝	高塔	太陽
調和經驗	神祕使命	照顧家庭	爭鬥挑戰	企圖未來	旅遊環境	才能天賦	健康管理	蛻變突破	觀點創造
味覺	倒吊人	觸覺	風王	水王	土王	火王	視覺	魔術師	聽覺
開口啓蒙	功課忍耐	社交感覺	負責直覺	慈善盼望	保存理財	注意權利	尋求視野	改變洞察	建議方向
戀人	審判	月亮	魔鬼	隱士	命運之輪	愚人	死亡	正義	教宗
戀愛感情	開始決定	小孩情緒	排斥障礙	修行誠實	事業名利	休閒娛樂	放下結束	公平法律	溝通教育

首先，你要先定出要問的題目。以上面的對照表找到第一張牌要放在占卜棋盤的哪個格子。

例如　你想要問「感情」。從上面的對照表，發現感情問題對照占卜棋盤的「戀人」位置。

2. 擺放牌卡的方式

你可以選用（1）二十二張主牌；（2）主牌加八張宮廷牌（風王、水王、土王、火王，及視覺、味覺、觸覺、聽覺）；（3）二十二張主牌加十六張宮廷牌；（4）七十八張塔羅牌；（5）隨意用上述（1）至（4）的方式，再加兩張超級牌，來變化占卜的複雜程度。

我會建議你先使用二十二張主牌來占卜。等慢慢熟悉後，再加入宮廷牌、小牌和其他玩法。

（1）二十二張主牌

從整副神圖塔羅牌裡，找出二十二張主牌。充分洗牌後，抽出一張牌，將這張牌放在對應題目表上的棋盤位置。

例如　你要問感情，你從二十二張主牌中，抽到了「世界」。將「世界」牌放在棋盤上的「戀人」位置。

繼續從剩下的二十一張主牌中抽出第二張牌，放在你抽出來的第一張牌在棋盤上的位置。以此類推，直到結束為止。因為你抽到的牌要放在棋盤上的哪一個位置，是依據前一張牌，所以，神圖占卜棋盤底圖的原型能量，會和你抽出的牌卡的意識產生互動與連結。占卜棋盤可以幫助你權衡你的內心，找到生活中最適合的建議。

例如　你抽到的第二張牌是「太陽」。由於你第一張牌抽到了「世界」，現在就將「太陽」牌放在棋盤上的「世界」位置。

以此類推，抽出第三張牌、第四張牌……直到結束為止。一般建議抽三到五張即可。

> **例如** 你的第三張牌抽到了「女教宗」，把「女教宗」牌放在棋盤上的「太陽」位置。第四張牌抽到了「戀人」，把「戀人」牌放在棋盤上的「女教宗」位置。

（2）主牌加八張宮廷牌

從整副神圖塔羅牌裡，找出和占卜棋盤三十個格子一樣的牌卡，也就是二十二張主牌和八張宮廷牌。充分洗牌後，從三十張牌中抽出一張，將這張牌放在對應題目表上的棋盤位置。

> **例如** 你要問感情，你抽到第一張牌是「世界」，就將「世界」牌放在棋盤上的「戀人」位置。

繼續從剩下的二十九張牌中抽出第二張牌，放在你抽出來的第一張牌在棋盤上的位置。以此類推，直到結束為止。

> **例如** 你抽到的第二張牌是「火王」。由於你第一張牌抽到了「世界」，現在就將「火王」牌放在棋盤上的「世界」位置。

以此類推，抽出第三張牌、第四張牌……直到結束為止。一般建議抽三到五張即可。

> **例如** 你第三張牌抽到了「女教宗」牌，把「女教宗」牌放在棋盤上的「火王」位置。第四張抽到了「視覺」牌，把「視覺」牌放在棋盤上的「女教宗」位置。

（3）二十二張主牌加十六張宮廷牌

從整副神圖塔羅牌裡，找出二十二張主牌和十六張宮廷牌。充分洗牌後，從三十八張牌中抽出一張，將這張牌放在對應題目表上的棋盤位置。

例如 你要問感情，你抽到第一張牌是「世界」，就將「世界」牌放在棋盤上的「戀人」位置。

繼續從剩下的三十七張牌中抽出第二張牌，放在你抽出來的第一張牌在棋盤上的位置。以此類推，直到結束為止。

例如 你抽到的第二張牌是「陰身」。由於你第一張牌抽到了「世界」，現在就將「陰身」牌放在棋盤上的「世界」位置。

以此類推，抽出第三張牌、第四張牌……直到結束為止。一般建議抽三到五張即可。如果你抽出的牌卡不在棋盤底圖上，就要依抽出那張牌的元素，放在棋盤上同樣元素的位置上。

例如 因為「陰身」在占卜棋盤上沒有底圖。就依照「陰身」的元素「錢幣」（城市）選擇，在占卜棋盤上同屬「城市」元素的位置有兩格：「觸覺」和「土王」，你要自行決定下一張牌要放在哪一格子上。假設你選了「土王」位置，抽到的第三張牌是「女教宗」，就將「女教宗」牌放在棋盤的「土王」位置。

（4）七十八張塔羅牌

從整副神圖塔羅牌裡，挑出兩張超級牌（封面牌與四人圖）之後，將七十八張牌卡充分洗牌後，抽出一張，將這張牌放在對應題目表上的棋盤位置。如果你抽出的牌卡不在棋盤底圖上，就要依抽出那張牌的元素，放在棋盤上同樣元素的位置上。

例如 你要問感情，你抽到的第一張牌是「欣賞」，把它放在棋盤上的「戀人」位置。「欣賞」是「蓮花二」，所以下一張牌要放的位置是「水」元素，棋盤上有兩個格子可以選擇：「水王」和「味覺」。假設你選了「水王」位置，抽到的第二張牌是「合作」，就將「合作」牌放在棋盤的「水王」位置。

以此類推，抽出第三張牌、第四張牌……直到結束為止。一般建議抽三到五張即可。

例如 「合作」是「城市三」，所以再下一張牌的位置是土元素：「土王」或「觸覺」。第三張牌抽到「愚人」，你選擇將「愚人」牌放在棋盤上的「土王」或「觸覺」位置上。

另一種情況是「如果你要繼續抽牌，而占卜棋盤上卻沒有位置（同樣元素）可以放」時，整個占卜過程也就結束了。

例如 假設你原先設定抽五張牌來問感情。抽到的第一張牌是「欣賞」，把「欣賞」牌放在棋盤上的「戀人」位置。第二張牌抽到「愛」，把「愛」牌放在棋盤上的「水王」位置上。第三張牌抽出「慶祝」，把「慶祝」牌放在棋盤的「味覺」上。當你抽到第四張牌「協議」時，會發現棋盤上已經沒有相同「水」元素的位置可以放了。表示這次占卜過程只到第三張牌就結束了。

例如 假設你原先設定抽四張牌來問感情。抽到的第一張牌是「愚人」，把「愚人」牌放在棋盤上的「戀人」位置。第二張牌抽到「愛」，把「愛」牌放在棋盤上的「水王」位置上。第三張牌抽出「戀人」，你會發現棋盤上「戀人」的格子上已經有牌卡了。表示這次占卜過程只到第二張牌就結束了。你也可以選擇解讀最後一張牌。

（5）隨意用上述（1）至（4）的方式，可以再加兩張超級牌

用七十八張塔羅牌和兩張超級牌（封面牌與四人圖），充分洗牌後，抽出一張。規則同前，但如果抽到這兩張超級牌時，意味占卜過程提前結束。（要解讀超級牌卡！）

當你漸漸熟悉神圖占卜棋盤之後，可以加入「後天排法」、延伸「宮廷牌及小牌」或是「超級牌」等更複雜的玩法。

後天排法

本書所附的占卜棋盤，排列方式是根據古埃及最著名的心靈權衡儀式，我稱為「先天排法」。另外還有「後天排法」，是依照神圖遊戲旅程來排列。位置如下：

教宗	魔術師	星星	視覺	正義	聽覺	審判	味覺	女教宗	倒吊人
世界	愚人	戀人	魔鬼	月亮	命運之輪	太陽	力量	觸覺	皇后
節制	風王	火王	水王	土王	隱士	死亡	皇帝	高塔	戰車

你可以參考本書第20-21頁，自行製作出「後天排法」的底圖，再依據「簡易玩法」的流程步驟玩遊戲或占卜。

如何解牌

其實沒有一個標準的解牌方法，不過如果你要一些建議的話，可以這樣做：

- 先閱讀完這本書，慢慢玩味。
- 打開你的直覺。
- 活在大愛、和平、快樂、覺識、慈悲、合作與服務的世界裡。
- 常常靜坐冥想。
- 研究呼吸科學。
- 記住：塔羅牌本來是遊戲，不必把它看得太嚴肅。在這個遊戲當中，就是它最神祕的經驗。圖特神創了文字、科技等高深學

問，但祂喜歡像猴子玩耍。你不防打開幽默感，塔羅會跟你開很多奇妙的玩笑。

- 使用本書的牌陣、別人的牌陣，或發明自己的牌陣。
- 使用一副你使用時自己覺得舒服的牌。有時候，我讓詢問者選他喜歡的牌與牌陣；有時候，我們會先聊聊他的問題，然後再做選擇。
- 準備一個安全、穩定、不受干擾的環境。你在自己熟悉的環境可能會比較自在、不受影響，但也要顧慮到詢問者的需求。
- 桌子上鋪一塊乾淨的布。我喜歡較深的顏色。單色的絨布很好，這樣牌容易保持乾淨，也容易顯示其美術方面與神奇的能量。
- 慢慢洗牌，用麻將方式或輕輕在手裡洗法。不要用賭場的急流洗牌法，你的牌比較貴，而那種洗牌法容易讓它們老化。
- 解牌時，放輕鬆，活在當下。
- 不必完全依據書本講，展開直覺，讀出當下遇到的能量。
- 我喜歡讓詢問者把牌背朝上攤開來，然後讓他自己選牌。先擺好牌陣，才開始一張一張翻牌。如果詢問者洗牌時，有一張牌不小心掉出來，我常常把它放在一邊，在解牌時特別注意它，因為它好像有話要說。
- 解牌時慢慢與詢問者討論，注意他的反應。問問題，這樣你們兩位一起合作解釋牌意，讓詢問者共同參與。
- 特別注意主牌、宮廷牌與王牌（任何花色的一號牌卡），它們是鑰匙或主題。
- 宮廷牌有時會代表詢問者或與問題有關的人物。
- 感覺整個牌陣的能量，以及牌與牌之間的互動。
- 你使用的那副牌會顯示畫家的藝術和直覺，常常會出現一些特

別的細節跟詢問者的問題有關，注意牌陣裡每一張牌的細節。

- 注意花色和圖案的互動，塔羅牌陣就像是一場很有創意的藝術畫展。

- 使用占卜棋盤時，特別要注意抽取的牌卡與底圖牌的互動，還有底圖牌周圍的牌。

- 解完以後，你可能要把結果記錄在筆記本，對照後來真相的發展，或是作為自己研究塔羅的資料。但不要卡住在某一個想法裡。

- 你的經驗會提供給你一些適合的作法，這會成為你自己個人的作風。但你也可以做實驗，別怕嘗試新的方式。

- 我平常不建議人問「是」或「否」的二元問題。因為這樣，你是讓牌替你做決定。最好的方法是：讓牌做顧問，由自己負責做決定。你需要活在你決定的結果中去經驗它，因此，還是自己對自己負責。

第 7 章

占卜牌陣

除了使用神圖占卜棋盤之外，你也可以單獨使用古埃及神圖塔羅牌來占卜。你可以用：（1）二十二張主牌；（2）二十二張主牌加十六張宮廷牌；（3）七十八張塔羅牌，來變化占卜的複雜程度。

單張

（這個狀況、地方等）　　　現在　　　（今天、本週、本月、本年等）

三張：了解你的選擇

過去　　　　　　現在　　　　　未來

或是目前狀況　　建議　　　　　發展

神祕三

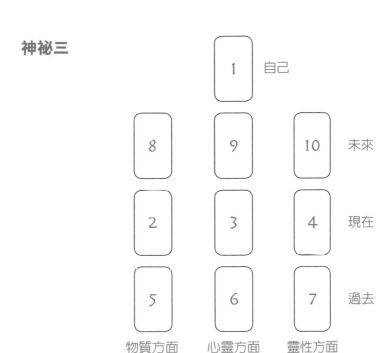

人際關係

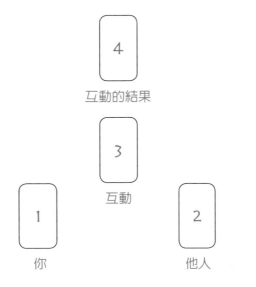

你也可以加一張障礙卡,來探索如何改變溝通的問題。

上樓

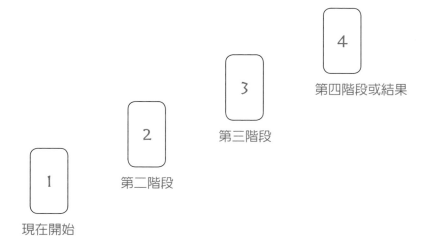

破解「不知道」

選擇A或B

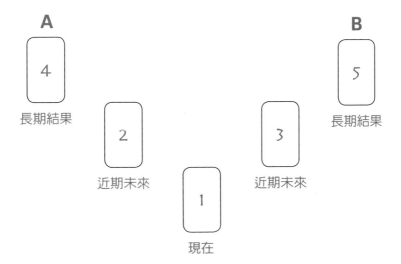

A

4
長期結果

2
近期未來

B

5
長期結果

3
近期未來

1
現在

煉金師

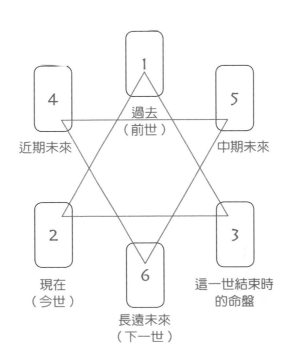

1
過去
（前世）

4
近期未來

5
中期未來

2
現在
（今世）

6
長遠未來
（下一世）

3
這一世結束時
的命盤

六張：生活各方面

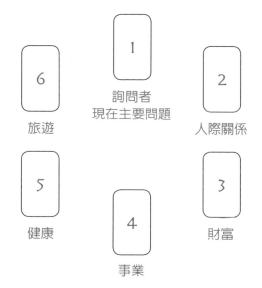

二十一張詳細牌陣

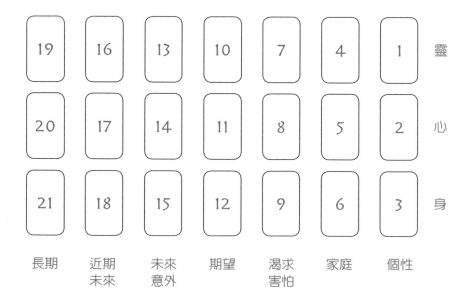

你可以自己調整題目，每欄訂定你想探索的主題。

凱爾特十字架

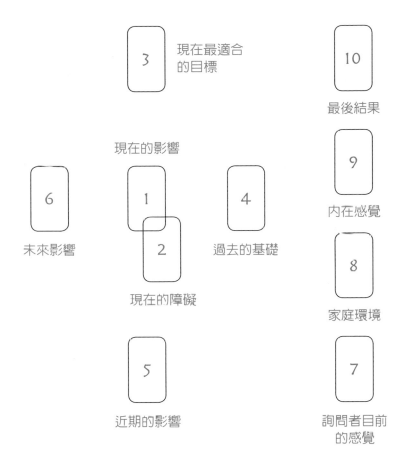

七個脈輪

頂輪	7	Sahasrara	精神生活
眉間輪	6	Ajna	視野、智慧
喉輪	5	Vishuddha	表達與溝通
心輪	4	Anahata	感情與社交
太陽輪	3	Manipura	自我形象
臍輪	2	Svadisthana	性欲望與需求
海底輪	1	Muladhara	物質生活、健康

瑪丁的探險

把牌分成小牌、宮廷牌、與主牌。將三堆牌洗好，抽牌如下：

1. 長期情緒（小牌）

2. 近期過去（小牌）

3. 輔導、支持、幫助（宮廷牌）

4. 直接有關的人（宮廷牌）

5. 近期未來（小牌）

6. 你的情緒、你的想法（小牌）

7. 你自己（宮廷牌）

8. 從哪裡開始？（主牌）

9. 要做什麼？（主牌）

10. 你要如何改變？（主牌）

11. 顯示祕密（主牌）

　　解完這幾張以後，你可以把三堆剩下的牌混在一起，洗牌，然後再抽三張高我引導：A、B、C。把這三張放在第七張（自己）旁邊，然後用它們各說一句話，作為整個解牌過程的結論。

四人圖超級戀人塔羅牌

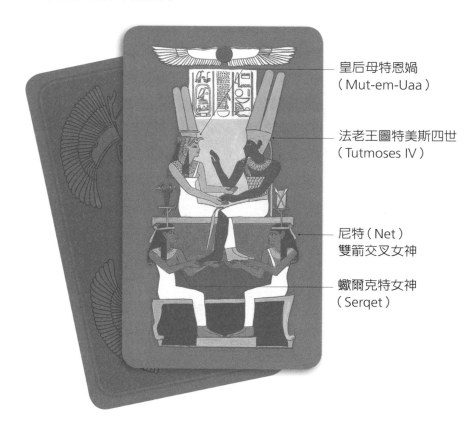

皇后母特恩娟
（Mut-em-Uaa）

法老王圖特美斯四世
（Tutmoses IV）

尼特（Net）
雙箭交叉女神

蠍爾克特女神
（Serqet）

　　這張四人圖並不是塔羅牌，而是古埃及的一種「牌陣」，讓你感覺一下古埃及人會如何玩主要神祇的牌陣。

　　這個牌陣出現在盧克索大神廟的第IX室西牆第一條記錄框中間。上右是法老王圖特美斯四世（Tutmoses IV），祂變成阿民生命繁殖神，也就是阿民日（隱藏太陽神）在當「其閨房之主人」，在阿民的頭上寫祂的名字，「民」字就是神圖棋盤，祂的阿天太陽日飛揚在上面，是第三腦室的形狀與功能符號，也是棋子飛行在棋盤上的意思。

上左，在阿民旁邊，與祂握著手的是皇后母特恩媧（Mut-em-Uaa），母特女神在（太陽皇帝）船上，她代表阿民的配偶母特女神阿民內特。祂們兩位戀人坐在「天」的字符上，這是祂們做愛時使用的「民─母特」大床，代表整體的宇宙。阿民準備要讓母特懷孕，生出未來的王子。阿民日神是巫師神的高我，母特女神則是愛惜特女神的高我，未來的王子就是小活路神。

從下面用手撐持這對戀人的腳，而用頭撐持天床的是兩位重要女神。右下角是尼特（Net）雙箭交叉女神，她是星空女神女特（Nut）的原始模樣。尼特是視覺神經的交叉功能。這在生理學與物理學中是非常重要的原理：四波交叉相位結合（4-wave mixing phase conjugation）是宇宙的基礎整合原理，在光學方面的應用最明顯，所以影響我們視力與神經系統的構成。

左下角是蠍爾克特（Serqet）女神，她代表保母女神，她也是護衛巫師師與活路神的女神。她的天蠍掌握生死關鍵，爪子抓住兩個 ♀（安可）生命之鑰，代表祕密的譚崔生命呼吸。（她也暗示月亮。）

這兩位女神坐在獅子椅上，這是皇家力量的表現，也是產後的小王子會睡的床。尼特和蠍爾克特兩位女神也象徵著巫師神和愛惜特女神。

附錄

附錄一　古埃及主要神祇的家譜

第零代

第零代「無極」是無始以來而存在的。圖特神是「太極」也是「陽」，真理女神是「陰」。祂們的八個孩子是「八卦」，可泥模神是命運之輪，蠍爾克特女神是月亮。

無極

誇猴天鬧（愚人）

太極、陰陽

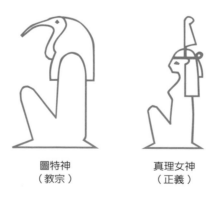

圖特神　　　　真理女神
（教宗）　　　（正義）

八卦

阿民神、阿民內特女神、能神、女特女神、黑賀神、色紗特女神、塞特神、尼伯西特女神
（這可能是原始神群後來的演變。右邊三位還不太確定）。

第一代

第一代日神與母特女神是隱形的，舒神與特婦女特女神是顯性的，特牡是穿越邊界的突破。

阿民日神、老活路神
（太陽）

母特／哈托爾女神
（皇后）

特牡神
（高塔）

第二代

第二代是地球的物質與宇宙的空間出現。

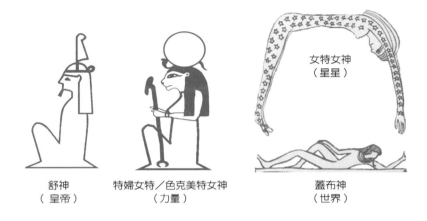

舒神
（皇帝）

特婦女特／色克美特女神
（力量）

女特女神
（星星）

蓋布神
（世界）

第三代

第三代是埃及的國土與環境出現。

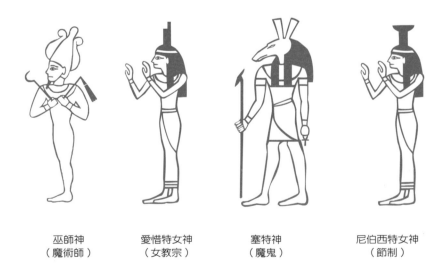

巫師神
（魔術師）

愛惜特女神
（女教宗）

塞特神
（魔鬼）

尼伯西特女神
（節制）

第四代

第四代是主觀與客觀、內向與外向的出現，祂們是巫師神與愛惜特女神的孩子。

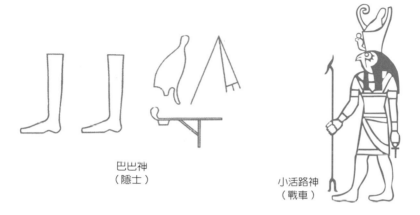

巴巴神
（隱士）

小活路神
（戰車）

第五代

第五代是感覺與物體的出現，四位感知能力神是巴巴的兒子（有人說是日神的孩子），四位元素是活路神的兒子（有人說是老活路神的兒子）。

由左至右：薩神、壺神、瑪阿神、斯哲牡神、水王、風王、火王、土王

附錄二　真言冥想、開慧眼及體位練習

　　古埃及人經常會做各式各樣的修行，其中最重要的是海洋冥想。在金字塔經文裡，海洋冥想叫做 ⬚（Waa Sha），也稱為 ⬚（Waa en R@）。⬚ ⬚（Waa 靜坐）與 ⬚（Waa）是雙關語。

太陽真言冥想方法

　　冥想，梵文是Japa；古埃及人對真言冥想的術語，名稱叫做 ⬚（Jeba@）；冥想的效果（覺醒者、觀察者）也是用同樣的圖騰 ⬚（resy）。這圖騰本來的意思是手指、拉弓的工具、一萬、用手指計算，以及「重複默唸冥想中的真言」。Resy是醒過來、警覺、開悟的狀態。梵文是Rishi。

　　「真言」的梵文是Mantra；古埃及時期的 ⬚ ⬚ ⬚ ⬚ ⬚（Medu R@），意思是「日神的真言」。附錄三的〈太陽日神的真言日曆〉，列出一年之中每天比較適合的「太陽冥想真言」。其實，這份清單上的每一個字眼都很適合用來冥想，因為它們都具有神聖的力量。但以這份完整的清單，做週期循環的方式，每天靜坐前，選取當天要冥想的真言，一年內會讓意識旅行體驗與活動到每一個主要的心靈境界中。

　　這種靜坐方法非常簡單，你不需要任何特別設備，每天在日出與日落時，各花二十至三十分鐘，做這個練習。真言冥想將會增強你的專注力，幫助你開發潛能，讓你展現創造力。

找個安靜的地方，準備一張舒服的椅子或坐墊，坐下來。身體調整好後，閉上眼睛。先花幾秒鐘，讓身體靜下來。接著，開始想一個「太陽真言」。

　　第一次開始冥想時，閉上眼睛後，唸出真言幾次，然後慢慢的讓聲音變得愈來愈小。直到沒有聲音時，停止了嘴唇與舌頭的動作。很輕鬆的，在心裡默唸真言，想著那個真言的聲音。

　　接著，讓心裡的念頭變得愈來愈微弱，直到它幾乎不存在的狀態。繼續這樣，想著那個真言，保持輕鬆的態度。如果真言流走了，也沒關係，不要想挽留它，讓它自然離開。如果你發現出現了別的念頭，把你的注意力帶走了，輕鬆的把注意力轉回到那個真言上。但不用刻意排除雜念。雜念是很正常的現象，只要在出現雜念時，把注意力轉回到真言上。默想真言，不必有很清楚的念頭，讓真言在心海中處於隱微漂浮的狀態，好像它是在快要被忘掉的境界中，似有若無，恍恍惚惚。

　　真言的內容不重要。你可能會有一些關於內容的聯想，但不用太注意它們。真言的聲音是最主要的。它的發音與速度，有時候可能會有一些變化，並沒有關係，發音差不多就好。

　　當你已經做過冥想靜坐兩、三次之後，懂得讓真言次第在心目中不費力的變得愈來愈小、愈來愈細微時，你就不必在開始冥想前，用聲音唸出真言。可以從無聲的默唸開始。

　　在二十分鐘的靜坐中，這種狀況可能會發生很多次。每次發現你的注意力跑走了，就輕鬆回到真言念頭上。

開慧眼練習方法

　　當你已經相當程度的進入真言冥想的練習後，幾乎每次都有靜止而舒服的感覺時，就可以加上開慧眼練習。

讓自己放輕鬆。專注的看著以下的慧眼裡的瞳孔。

　　當看著慧眼裡的瞳孔時，盡量不要眨眼。專注的看著，等半分鐘到一分鐘的時間後，閉上眼睛。繼續專注的看著殘像中的瞳孔，閉眼後，殘像圖案的顏色會改變，圖案會慢慢消失，但還是要繼續看著瞳孔的位置。

　　等到圖案完全消失後，可以張開眼睛，再做一次練習。做了幾次練習後，就不要再看圖案，你自然能辨識瞳孔的位置。閉著眼睛時，會跟一般背景有一點不同。

　　當你做了這個開慧眼練習後，無論是看書或是做事，專注力都會大為提升，而且看得看清楚。

　　在靜坐時，也能進行這個觀想練習。你可以使用附錄三〈太陽日神的真言日曆〉，每天選擇當天適合的觀想圖騰。也可以翻找埃及神圖塔羅牌的牌卡，或是上網下載，相關的當天古埃及圖騰。

　　冥想前，專注的看著當天的古埃及圖騰，直到很清楚的記得它的形狀，閉上眼睛。

當你開始做太陽真言冥想時，把那個古埃及圖騰的形狀放在視覺螢幕的中央位置，不用想得很清楚，也不要放大它。只要把它放在視覺螢幕的中央位置，不必挽留它，它跟真言一樣可能會流走。如果你發現圖騰走了，可以在冥想過程中再提起來。但記得真言冥想是主要的，注意力要集中放在真言的發音上。

加上圖騰的觀想練習，會增加真言的境界，讓它更活躍、生動。當你用一年的時間，進行了整套的真言與圖騰冥想後，會讓腦海全面活潑起來。

如果能再加上超然的「無極禪定」體驗，就能迅速培養出超級巫師的宇宙意識。無極禪定的境界出現在你已經忘掉了真言，可是還沒有開始想別的念頭的間隔時間，這間隔時間或許是一瞬間，或是更長的時刻。你將在這無極禪定中，多多少少活在自由自在的仙人生活中，同時，你在日常生活裡，也會發揮奧妙的突破。

每一個人的進度不同。祕訣是「苟日新，日日新，又日新」！練功時，只要很輕鬆愉快的境界，就可以了。

體位練習

古埃及人很重視健康，發展了許多體操活動，還有一些相當於瑜伽的體位與內功方法。🦅𐃷𓃀◯〰（Neheb、Nehebet，軛）🦅𓃀◯𓆸（Nehebet，蓮花）是古埃及文對瑜伽術的稱呼。在金字塔經文中，🦅𓃀𓏴𐃗（Neheb-kau，卡能量的瑜伽）是太陽神當「瑜伽神」的名字。〰𓂀𓃀◯𓅆（Nekhebet）與𓀭（Nebet Het / Nephthys），代表祂的女神伴侶。透過她們的神秘亢達里尼力量，讓🦅𓃀𓏴𐃗（Neheb-kau）發揮作用。

𓆸是這門功夫的象徵。這本書所附的古埃及神圖塔羅牌中，有許多古埃及的瑜伽體位和其他修行功夫，讀者可以慢慢研究

玩味。更多資料可連結至「聖甲蟲學院」，網址如下：http://dpedtech.com/

　　埃及人沒有一定的冥想體位。他們特別喜歡的姿勢是端正坐在椅子上，或是用金剛座的體位。他們在靜坐時，常常會蹲下來，把雙手放在背後，用來打開心胸。這種體位（S-qera），古埃及人很幽默的稱作「俘虜體位」。或是採用另一種（An Hat、Anahata），第四脈輪的把心帶到前面體位。

　　古埃及藝術中，並沒有表現雙盤的蓮花座體位。不過既然蓮花是瑜伽術的秘密別名，而且古埃及人曾留下草圖，證明在廟宇的體操課中，有展現雙盤的功夫，我認為這種體位也許不會在公開場所表現，只能在廟宇的不公開進接練習中使用。蓮花雙盤坐的「真天位」，古埃及文是（Aset Pet Maˈ），真天能量的座位。梵文是Padma Asana。

尊者端坐體位　　　蹲坐體位（俘虜體位）　　　雙盤體位

　　古埃及有一種神秘的「鍛鍊權杖」，在古埃及藝術中，只有神能拿著這根權杖。它的名字叫做Was或J@m。這根權杖的每一部分象徵著理想的靜坐體位姿勢。

鍛鍊權杖

權杖上面是抽象的羊頭，代表呼吸；下巴沉緊到喉嚨，是鎖下巴，會使呼吸與心跳減低、減緩。權杖很直，代表背要挺；權杖很細，代表鎖腹部，要把氣吐出，讓腹部縮進去。這個動作也包括鎖會陰，把睪丸提升，以及鎖尿道。古埃及人在靜坐冥想時，會用這些動作讓禪定比較深穩。不過，這些理想體位都不要勉強，記得要輕鬆執行。

如果你練了一年都覺得沒有開悟，這個「沒有開悟」的信念是誰採取決定的呢？經常花幾分鐘做這些練習，至少能增強你的專注力和覺察力。而且還有一個額外的獎勵：你將會很輕鬆的學會古埃及文的基本生字！下次到博物館參觀或去埃及旅遊時，你將會開始看得懂很多古埃及藝術和文明。「聖甲蟲學院」有許多檔案，可以幫助你學習古埃及文。

這些練習都是為培養你對自己負責任的精神，因此，你也要全面承擔自己練功的一切成果。

附錄三　太陽日神的真言日曆

日期	真言圖騰	真言發音	參考塔羅牌	相關頁數
1月1日		Jed	（城市三） 合作	172
1月2日 1月3日 1月4日		Het	（城市四） 保護	173
1月5日 1月6日		Khawet	（城市五） 投資	174
1月7日 1月8日 1月9日		Men	（城市六） 團結	175
1月10日 1月11日		Kheper	（城市七） 生產	176
1月12日 1月13日 1月14日		Semen	（城市八） 效率	177
1月15日 1月16日		Khenemew	（命運之輪） 骰神	78
1月17日 1月18日 1月19日		Weres	（城市九） 悠閒	178
1月20日 1月21日		Neweb	（城市十） 富裕	179
1月22日 1月23日 1月24日		Khat	肉身	158

日期	真言圖騰	真言發音	參考塔羅牌	相關頁數
1月25日		Khaybet	陰身	153
1月26日				
1月27日		Saa	觸覺薩神	146
1月28日				
1月29日				
1月30日		Dewamut-f	土王東方神	138
1月31日				
2月1日		Geb	（世界）蓋布神	50
2月2日				
2月3日				
2月4日		Anepew	（死亡）安普神	70
2月5日				
2月6日		Shewa	（皇帝）舒神	62
2月7日				
2月8日				
2月9日		Nef	（羽毛一）意志	190
2月10日				
2月11日		Theta	（羽毛二）決心	191
2月12日				
2月13日				
2月14日		Khened	（羽毛三）整合	192
2月15日				
2月16日		Aakhet	（羽毛四）定義	193
2月17日				
2月18日				
2月19日		Seped	（羽毛五）承諾	194
2月20日				
2月21日		@g	（羽毛六）堅持	195
2月22日				
2月23日				

日期	真言圖騰	真言發音	參考塔羅牌	相關頁數
2月24日		Nefer	（羽毛七）誠實	196
2月25日				
2月26日		Shenew	（羽毛八）規範	197
2月27日				
2月28日				
2月29日		Tutu	（戀人）	130
3月1日		Newet	（星星）星空女神	98
3月2日				
3月3日		@nekh	（羽毛九）問題	198
3月4日				
3月5日				
3月6日		Pet	（羽毛十）答案	199
3月7日				
3月8日		Aɑkhu	陽身	159
3月9日				
3月10日				
3月11日		Bɑ	氣身	154
3月12日				
3月13日		Sejem	聽覺斯哲牡神	150
3月14日				
3月15日				
3月16日		Qebehu	風王西方神	142
3月17日				
3月18日		Qefetenu	（愚人）誇猴天闹	118
3月19日				
3月20日				
3月21日		Mɑ@t	（正義）真理女神	90
3月22日				

日期	真言圖騰	真言發音	參考塔羅牌	相關頁數
3月23日		Temu, Atem	（高塔） 特牡神	114
3月24日				
3月25日				
3月26日		Ja, Weja	（火鑽一） 專注	180
3月27日				
3月28日		Petera, Wejaty	（火鑽二） 知見	181
3月29日				
3月30日				
3月31日		Rekeh	（火鑽三） 企劃	182
4月1日				
4月2日		Sneter	（火鑽四） 建構	183
4月3日				
4月4日				
4月5日		Ja@m, Jem	（火鑽五） 鍛鍊	184
4月6日				
4月7日		Hew, Shesep	（火鑽六） 領袖	185
4月8日				
4月9日				
4月10日		Heded, Sereq	（火鑽七） 挑戰	186
4月11日				
4月12日		@r@t	（火鑽八） 一致	187
4月13日				
4月14日				
4月15日		Tefenut	（力量） 特婦女特女神	82
4月16日				
4月17日		Aten	（火鑽九） 獨立	188
4月18日				
4月19日				
4月20日		Pawet	（火鑽十） 多元	189
4月21日				

日期	真言圖騰	真言發音	參考塔羅牌	相關頁數
4月22日				
4月23日		Ka	電身	157
4月24日				
4月25日		Ab	心靈	155
4月26日				
4月27日				
4月28日		Maa	視覺瑪阿神	148
4月29日				
4月30日		Mesta	火王南方神	140
5月1日				
5月2日				
5月3日		Meskhent	（審判） 產婆女神	122
5月4日				
5月5日		Bennew	（隱士） 本無鳥	86
5月6日				
5月7日				
5月8日		Serqet	（月亮） 保母女神	94
5月9日				
5月10日		Mu	（蓮花一） 愛	160
5月11日				
5月12日				
5月13日		Sema	（蓮花二） 欣賞	161
5月14日				
5月15日		Ben-ben	（蓮花三） 協議	162
5月16日				
5月17日				
5月18日		Waa Sha	（蓮花四） 沉靜	163
5月19日				
5月20日		Menat	（蓮花五） 培育	164
5月21日				

日期	真言圖騰	真言發音	參考塔羅牌	相關頁數
5月22日		Wennew	（蓮花六）熱忱	165
5月23日				
5月24日				
5月25日		Mega, Sobek	（蓮花七）夢幻	166
5月26日				
5月27日		Waj	（蓮花八）勇氣	167
5月28日				
5月29日				
5月30日		Amen R@	（太陽）阿民日神	46
5月31日				
6月1日		Heqa	（蓮花九）滿足	168
6月2日				
6月3日				
6月4日		Adeh, Bes	（蓮花十）慶祝	169
6月5日				
6月6日		Sekhem	化學身	156
6月7日				
6月8日				
6月9日		Ren	名字	152
6月10日				
6月11日		Hew	味覺壺神	144
6月12日				
6月13日				
6月14日		Hepy	水王北方神	136
6月15日				
6月16日		Heru Khenty Khaty	（倒吊人）胎兒期的活路神	74
6月17日				
6月18日				
6月19日		Tekhy	（教宗）圖特神	66
6月20日				

日期	真言圖騰	真言發音	參考塔羅牌	相關頁數
6月21日				
6月22日		Jehuty	（教宗） 圖特神	66
6月23日				
6月24日		Heru Khenty	（倒吊人）	74
6月25日		Khaty	胎兒期的活路神	
6月26日				
6月27日		Hepy	水王北方神	136
6月28日				
6月29日		Hew	味覺壺神	144
6月30日				
7月1日				
7月2日		Ren	名字	152
7月3日				
7月4日		Sekhem	化學身	156
7月5日				
7月6日				
7月7日		Adeh, Bes	（蓮花十） 慶祝	169
7月8日				
7月9日		Heqa	（蓮花九） 滿足	168
7月10日				
7月11日				
7月12日		Amen R@	（太陽） 阿民日神	46
7月13日				
7月14日		W*aj*	（蓮花八） 勇氣	167
7月15日				
7月16日				
7月17日		Mega, Sobek	（蓮花七） 夢幻	166
7月18日				
7月19日		Wennew	（蓮花六） 熱忱	165
7月20日				

248

日期	真言圖騰	真言發音	參考塔羅牌	相關頁數
7月21日		Asar, Weser	（魔術師） 巫師神	106
7月22日		Heru	（戰車） 活路神	54
7月23日		Set, Setesh	（魔鬼） 阿迷特	126
7月24日		Aset, Asetesh	（女教宗） 愛惜特女神	58
7月25日		Nebet Net	（節制） 尼伯西特女神	110
7月26日 7月27日 7月28日		Menat	（蓮花五） 培育	164
7月29日 7月30日		Waa Sha	（蓮花四） 沉靜	163
7月31日 8月1日 8月2日		Ben-ben	（蓮花三） 協議	102
8月3日 8月4日		Sema	（蓮花二） 欣賞	161
8月5日 8月6日 8月7日		Mu	（蓮花一） 愛	160
8月8日 8月9日		Serqet	（月亮） 保母女神	94
8月10日 8月11日 8月12日		Bennew	（隱士） 本無鳥	86
8月13日 8月14日		Meskhent	（審判） 產婆女神	122

日期	真言圖騰	真言發音	參考塔羅牌	相關頁數
8月15日				
8月16日		Mesta	火王南方神	140
8月17日				
8月18日		Maa	視覺瑪阿神	148
8月19日				
8月20日				
8月21日		Ab	心靈	155
8月22日				
8月23日		Ka	電身	157
8月24日				
8月25日			（火鑽十）	
8月26日		Pawet	多元	189
8月27日				
8月28日		Aten	（火鑽九）	188
8月29日			獨立	
8月30日			（力量）	
8月31日		Tefenut	特婦女特女神	82
9月1日				
9月2日		@r@t	（火鑽八）	187
9月3日			一致	
9月4日			（火鑽七）	
9月5日		Heded, Sereq	挑戰	186
9月6日				
9月7日		Hew, Shesep	（火鑽六）	185
9月8日			領袖	
9月9日			（火鑽五）	
9月10日		J@m, Jem, Was	鍛鍊	184
9月11日				

古埃及神圖塔羅牌

日期	真言圖騰	真言發音	參考塔羅牌	相關頁數
9月12日 9月13日		Sneter	（火鑽四） 建構	183
9月14日 9月15日 9月16日		Rekeh	（火鑽三） 企劃	182
9月17日 9月18日		Petera, Wejaty	（火鑽二） 知見	181
9月19日 9月20日 9月21日		Ja, Weja	（火鑽一） 專注	180
9月22日 9月23日		Temu, Atem	（高塔） 特牡神	114
9月24日 9月25日 9月26日		Ma@t	（正義） 真理女神	90
9月27日 9月28日		Qefetenu	（愚人） 誇猴天鬧	118
9月29日 9月30日 10月1日		Qebehu	風王西方神	142
10月2日 10月3日		Sejem	聽覺斯哲牡神	150
10月4日 10月5日 10月6日		Ba	氣身	154
10月7日 10月8日		Aakh	陽身	159

日期	真言圖騰	真言發音	參考塔羅牌	相關頁數
10月9日				
10月10日		Pet	（羽毛十） 答案	199
10月11日				
10月12日		@nekh	（羽毛九） 問題	198
10月13日				
10月14日				
10月15日		Newet	（星星） 星空女神女特	98
10月16日				
10月17日		Shenew	（羽毛八） 規範	197
10月18日				
10月19日				
10月20日		Nefer	（羽毛七） 誠實	196
10月21日				
10月22日		@g	（羽毛六） 堅持	195
10月23日				
10月24日				
10月25日		Seped	（羽毛五） 承諾	194
10月26日				
10月27日		Aakhet	（羽毛四） 定義	193
10月28日				
10月29日				
10月30日		Khened	（羽毛三） 整合	192
10月31日				
11月1日		Theta	（羽毛二） 決心	191
11月2日				
11月3日				
11月4日		Nef	（羽毛一） 意志	190
11月5日				
11月6日		Shewa	（皇帝） 舒神	62
11月7日				

日期	真言圖騰	真言發音	參考塔羅牌	相關頁數
11月8日				
11月9日		Anepew	（死亡） 安普神	70
11月10日				
11月11日		Geb	（世界） 蓋布神	50
11月12日				
11月13日				
11月14日		Dewamut-f	土王東方神	138
11月15日				
11月16日		Saa	觸覺薩神	146
11月17日				
11月18日				
11月19日		Khaybet	陰身	153
11月20日				
11月21日		Khat	（錢幣侍從） 肉身	158
11月22日				
11月23日				
11月24日		Neweb	（城市十） 富裕	179
11月25日				
11月26日		Weres	（城市九） 悠閒	178
11月27日				
11月28日				
11月29日		Khenemew	（命運之輪） 骰神	78
11月30日				
12月1日		Semen	（城市八） 效率	177
12月2日				
12月3日				
12月4日		Kheper	（城市七） 生產	176
12月5日				
12月6日		Men	（城市六） 團結	175
12月7日				

日期	真言圖騰	真言發音	參考塔羅牌	相關頁數
12月8日				
12月9日		Khawet	（城市五） 投資	174
12月10日				
12月11日		Het	（城市四） 保護	173
12月12日				
12月13日				
12月14日		Jed	（城市三） 合作	172
12月15日				
12月16日		Mer	（城市二） 比對	171
12月17日				
12月18日				
12月19日		Ta, Tanen	（城市一） 價值	170
12月20日				
12月21日				
12月22日				
12月23日		Maw, Mut	（皇后） 母愛女神的鏡子 或貓形	102
12月24日				
12月25日				
12月26日		Ta, Tanen	（城市一） 價值	170
12月27日				
12月28日				
12月29日		Mer	（城市二） 比對	171
12月30日				

Akron, and Hajo Banzhaf. *The Crowley Tarot: The Handbook to the Cards by Aleister Crowley and Lady Frieda Harris.* Translated from German by Christine M. Grimm. Stanford, CT: U.S. Games, Inc. 1995.《解釋克勞里塔羅牌》

Antelme, Ruth Schumann and Stephane Rossini. *Sacred Sexuality in Ancient Egypt: The Erotic Secrets of the Forbidden Papyrus.* Translated by Jon Graham. Rochester, Vermont: Inner Traditions, 1999. 古埃及的祕密色情書。

Bauval, Robert and Adrian Gilbert. *The Orion Mystery: Unlocking the Secrets of the Pyramids.* New York: Three Rivers Press, 1995.《獵人座的謎：解開金字塔的祕密》

Bauval, Robert and Graham Hancock. *Keeper of Genesis: Quest for the Hidden Legacy of Mankind.*《創世紀的守護神：人類傳奇探祕》世茂，1999。

Brown, Dan. 丹·布朗。*The Da Vinci Code.* NY: Doubleday, 達文西密碼小說

Budge, E. A. Wallis. *An Egyptian Hieroglyphic Dictionary in Two Volumes.* NY: Dover, 1978. Based on 1920 ed. by John Murray, London. 古埃及文辭典

Budge, E. A. Wallis. *The Egyptian Book of the Dead: (The Papyrus of Ani) Egyptian Text, Transliteration and Translation.* NY: Dover, 1967. Also, University Books (New Hyde Park, NY, 1960)《古埃及的亡靈書》(阿尼版本，北京，2001) See also by Budge, *The Gods of the Egyptians,* 2 Vols. 其他英文翻譯包括Faulkner(阿尼版本)與Seleem(胡乃佛版本)。

Bushby, Tony. *The Secret in the Bible: The lost history of the Giza Plateau and how Temple priests of the Great Pyramid preserved the evidence of life beyond death.* Queensland, Australia: Stanford Publishing Group and Joshua Books, 2003.《聖經中的祕密》Bushby對金字塔的密史與字母發展的說法。

Case, Paul Foster. *Builders of the Adytum Tarot.* Cards illustrated by Jessie Burns Parke for Case in the late 1920s or early 1930s. Los Angeles, CA: Builders of the Adytum.

Crowley, Aleister. (Master Therion). *The Book of Thoth: A Short Essay on the Tarot of the Egyptians.* The Equinox Volume III No. V. Artist: Frieda

Harris. Stanford, CT: U.S. Games, Inc. 2002. Reprint of 1944 edition based on Samuel Weiser reprint. 克勞里解釋他對塔羅牌的想法。

Dollinger Andre. "An Introduction to the History and Culture of Pharaonic Egypt." http://nefertiti.iwebland.com/index.html. 很豐富的古埃及歷史與文明網站(See Turin Papyrus 55001)。

Eisen, William. *The Universal Language of Cabalah: The Master Key to the God Consciousness.* A Lecture Series by William Eisen. Marina Del Rey, CA: DeVORSS & Co., 1989. 卡巴拉與塔羅的資料。

Falconnier, R. *Les XXII lames hermetiques du tarot divinatoire. Images drawn by* M. O. Wegener based on detailed descriptions by Paul Christian. 第一本使用古埃及題目設計22張塔羅主牌的書。See also C.C. Zain's *The Sacred Tarot.*

Faulkner, Dr. Raymond O., translated. *The Egyptian Book of the Dead : The Book of Going Forth by Day.* The Papyrus of Ani version including the additional chapters from the Theban Recension translated by Ogden Goelet, Jr. Complete color illustrations of the scroll based on the 1890 facsimile volume produced by Renouf and Budge. San Francisco : Chronicle Books, rev. ed., 1998. 這本書讓你看到古埃及的塔羅主牌與小牌。

O'Neill, Dr. Robert V. *Tarot Library.* O'Neill discusses the iconology of the Tarot Trump cards.

Filipas, Mark. "A History of Egyptian Tarot Decks." 埃及作風塔羅牌歷史的網站。http://www.spiritone.com/~filipas/Masquerade/Reviews/historye. html. Filipas reviews the development of Egyptian-style Tarot ideas and decks from Gebelin and Eteilla to the present.

Heath, Maya. *The Egyptian Oracle.* 古埃及骨牌占卜法。Santa Fe, NM: Bear & Co., 1994.

The Holy Bible, Containing the Old and New Testaments. Authorized (King James) Version. 新舊約聖經。

The Holy Scriptures According to the Masoretic Text. Two Volumes. Philadelphia: Jewish Publication Society, 1955. Tenth Printing, 1977. 希伯來文與英文舊約聖經。

International Playing-Card Society. Brief History of Playing Cards.htm. 國際紙牌協會網站。

Kaplan, Aryeh. Sefer Yetzirah: *The Book of Creation.* Revised Ed. Boston: Weiser Books, 1997. 成形經（卡巴拉傳統中的重要經典）。

Kaplan, Stuart R. *The Encyclopedia of Tarot.* 3 Vols. Stanford, CT: U.S. Games, Inc., 1978, 1986, 1990.《塔羅牌百科全書》

Kaplan, Stuart R. *Tarot Classic.* Stanford, CT: U.S. Games, Inc., 1972. 介紹塔羅牌與塔羅歷史的初級課本。

McLeod, John. *Card Games: Tarot Games.* www.pagat.com. 紙牌與骨牌遊戲（包括中國的遊戲）。

Melchizedek, Drunvalo. *The Ancient Secret of the Flower of Life: an edited transcript of the Flower of Life Workshop presented live to Mother Earth from 1985 to 1994.* Two Volumes. Flagstaff, AZ: Light Technology Publishing, 1998. 生命花與神聖幾何。

O'Connor, David. "Eros in Egypt." *Archaeology Odyssey,* September-October, 2001. http://prophetess.lstc.edu/~rklein/Documents/eros_in_egypt.htm. 古埃及人的感情生活。

Palmer, Harry. *Living Deliberately: The Discovery and Development of Avatar Altamonte Springs,* FL: Star's Edge International, 1994. Avatar Living Deliberately tm , and Star's Edge International are registered marks licensed to Star's Edge, Inc. 刻意、有意、故意生活：阿梵達的發現與發展（一個打開無限自我的工具）。星邊公司出版。

Palmer, Harry. *ReSurfacing Techniques for Exploring Consciousness.* Altamonte Springs, FL: Star's Edge International 1994, 1997, 2002. The exercises for Section I of the Avatar Course. Avatar ReSurfacing and Star's Edge International are registered service marks licensed to Star's Edge, Inc.《再現人生：生活的探索意識練習》。顧雅文譯。星邊公司出版。

Pennick, Nigel. *Magical Alphabets.* York Beach, ME: Samuel Weiser, 1992. 魔法性的字母系統。

Piccione, Peter A. *The Historical Development of the Game of Senet and Its Significance for Egyptian Religion.* Two Volumes. Chicago: University of

Chicago, 1990. Doctoral Dissertation. 神圖遊戲的發展歷史與其對古埃及宗教的意義（丕丘尼教授的博士論文，即將出書）。

Rele, Vasant G.. *The Vedic Gods as Figures of Biology.* Reprint of original Taraporewala ed. Delhi: Cosmo, 2001.吠陀經的神當生理學體形的說法。

Runyon, Carroll "Poke". *The Book of Solomon's Magick.* Silverado, CA: C.H.S., Inc., 1996.所羅門王的魔法書。

Sunyata Saraswati and Bodhi Avinasha. *Jewel in the Lotus: The Tantric Path to Higher Consciousness.* 3rd Edition. Valley Village, CA: Ipsalu Publishing, 2002. The Kriya Yoga of Babaji Nagaraj.蓮花中的寶石：譚崔往高層意識的道路。

Tenen, Stan. "Shadow of Law Tetra-flame." MERU Foundation.(See Website.)法規陰影的四面體火舌（Tenen對希伯來字母在正規四面體中的說法）。

Waite, Arthur Edward and Pamela Colman Smith. *The Rider Tarot Deck Stamford,* CT: U.S. Games Systems, Inc, 1970. Original edition, 1910. 偉特塔羅牌。This is a reissue in collaboration with Miss Sybil Waite and Rider & Co., London, of the authorized edition as conceived by Arthur Waite and executed with artwork designed by Pamela Smith. It contains an instruction booklet by Arthur Edward Waite and a Foreword by Stuart R. Kaplan.

White, Douglass A. www.dpedtech.com website has translations of ancient Egypt's Pyramid Texts, The Litany of Ra, The Amduat, The Senet Game Text, as well as translations, books, and articles on a wide variety of topics.

Wirth, Oswald. *The Tarot of the Magicians: A Guide to the Symbolism and Application of the Wirth Tarot Deck by Its Designer.* Translation of Le Tarot des Imagiers du Moyen Age (Paris, 1927).York Beach, ME: Samuel Weiser, Inc., 1990.偉爾特塔羅牌。

國家圖書館出版品預行編目(CIP)資料

古埃及神圖塔羅牌 / 白中道(Douglass A. White)、
許秋惠作. -- 臺北市：新星球出版：大雁文化發行，
2018.05
288面；15.5x23公分. -- (The other；15)

ISBN 978-986-95037-9-2(平裝)

1.占卜 2.埃及文化

292.96   107006538

The Other 15

古埃及神圖塔羅牌
The Senet Tarot of Ancient Egypt

作者／白中道（Douglass A. White）、許秋惠
繪圖／蕭靜如
封面・美術設計／吉松薛爾
特約編輯／簡淑媛

新星球出版 New Planet Books
業務發行／王綬晨、邱紹溢
行銷企劃／陳詩婷
總編輯／蘇拾平
發行人／蘇拾平
出版／新星球出版
　　　105 台北市松山區復興北路333號11樓之4
電話／（02）27182001
傳真／（02）27181258
發行／大雁文化事業股份有限公司
　　　105 台北市松山區復興北路333號11樓之4
24小時傳真服務／（02）27181258
讀者服務信箱／Email:andbooks@andbooks.com.tw
劃撥帳號／19983379
戶名／大雁文化事業股份有限公司

一版一刷／2018年 5 月　建議價格：新台幣1680元
一版三刷／2021年11月
ISBN：978-986-95037-9-2